VERA F. BIRKENBIHL
Von Null Ahnung zu etwas Arabisch

D1694773

VERA F. BIRKENBIHL

Von Null Ahnung zu etwas Arabisch

Dies ist kein Sprachkurs

mvg Verlag

Bibliografische Information der Deutschen Nationalbibliothek

Die Deutsche Bibliothek verzeichnet diese Publikation in der Deutschen Nationalbibliografie; detaillierte bibliografische Daten sind im Internet über http://dnb.d-nb.de abrufbar.

www.birkenbihl.de

© 2008 bei mvgVerlag, FinanzBuch Verlag GmbH, München.
www.mvg-verlag.de

Alle Rechte, insbesondere das Recht der Vervielfältigung und Verbreitung sowie der Übersetzung, vorbehalten. Kein Teil des Werkes darf in irgendeiner Form (durch Fotokopie, Mikrofilm oder ein anderes Verfahren) ohne schriftliche Genehmigung des Verlages reproduziert oder unter Verwendung elektronischer Systeme gespeichert, verarbeitet, vervielfältigt oder verbreitet werden.

Abbildungen: Vera F. Birkenbihl
Arabische Schriftzeichen: Vera F. Birkenbihl / Dr. Khaled Atallah
Umschlaggestaltung: Atelier Seidel, Teising
Umschlagabbildung: Eigenarchiv Atelier Seidel
Satz: JUNFERMANN Druck & Service, Paderborn
Printed in Austria
ISBN 978-3-636-06361-8

Die Autorin hält es mit der *Frankfurter Allgemeinen Zeitung* und setzt auf die alte Rechtschreibung.

Inhalt

Hier geht's los

Diesen Kasten bitte unbedingt lesen, danke!

Dieses Buch gehört zu einer kleinen REIHE, die mit „Von Null Ah-nung zu etwas **Chinesisch**" eröffnet wurde. Deshalb ist der nach-folgende PROLOG in allen Büchern (fast) identisch. Sie brauchen ihn also nur EINMAL zu lesen... Allerdings unterscheidet sich der **Aufbau der Bücher dieser Reihe**, da jede Sprache etwas Be-sonderes bietet und jedes Buch dieser Reihe wird die eine oder andere spezielle Hilfestellung enthalten, die der jeweiligen Sprache entspricht (bei Chinesisch war es die 3fache Listung der Radikale in Teil III, die es Nicht-Chinesen viel leichter macht, diese zu „knacken"). Am besten erkennen Sie die **Unterschiede** zwischen den einzelnen Reihentiteln im Abschnitt „**Der Aufbau dieses Bu-ches**" (Seite 15f.).

P.S.: Wer mehrere Titel der Reihe liest, wird auch die eine oder ande-re Textstelle entdecken, die bei mehr als einer Sprache auftaucht (z.B. könnten Hinweise auf Ähnlichkeiten zwischen Türkisch und Japanisch in beiden Büchern vorkommen). Normalerweise versuche ich, inhalt-liche Überschneidungen in meinen Werken weitgehend zu vermeiden. Aber die Bücher dieser kleinen Reihe sind anders: Sie alle senden **die-selbe Botschaft** (in Bezug auf verschiedene Sprachen), denn mein grundsätzliches Anliegen wie auch meine ungewöhnliche Annähe-rungsweise bleiben dieselben, auch wenn es sich um sehr unterschied-liche Sprachen handelt (**Chinesisch**, **Japanisch**, **Arabisch** und **Tür-kisch**), die alle **nicht** zur großen Familie der indo-europäischen Spra-chen zählen. Letztlich werden die meisten Menschen nur das eine oder andere Buch der Reihe lesen. Diejenigen, die an Sprachen (Plural) In-teresse haben, verstehen auch geringe Überschneidungen, können sie aber im Einzelfall auch querlesen beziehungsweise überspringen.

PROLOG: Wie es zu dieser Reihe (und zu diesem Buch) kam

Die Motivation ist dieselbe, die hinter dem gleichnamigen Kurz-Seminar stand (vgl. den im Handel erhältlichen DVD-Mitschnitt „Von Null Ahnung zu etwas Arabisch").

Es begann mit einem gleichnamigem Seminar (s. Literaturverzeichnis). Aber schon während der Vorbereitung wurde mir klar, daß ich aus Zeitgründen nicht alles sagen könnte, was ich gern hineingebracht hätte. So entstand der Plan, eine Doppelstrategie zu fahren: Die DVD läßt das Seminar miterleben, das Buch enthält ca. 80% des Seminars PLUS einiges mehr.

Grund Nr. 1: Für Leute, die Arabisch lernen wollen

Damit meine ich sowohl all jene, die schon angefangen haben und vielleicht verzweifelt sind, wie auch jene, die (noch) dabei sind, beziehungsweise jene, die vorhaben, (vielleicht) einmal damit anzufangen.

Grund Nr. 2: De-Kodieren (wort-wörtliche Übersetzungen)

Ich habe in Jahrzehnten der Forschung eine spezielle Sprachlern-Methode entwickelt, bei der Vokabel-Pauken tabu ist (s. Rand Seite 11). Grammatik ist unnötig, aber erlaubt, Vokabeln pauken jedoch regelrecht verboten. Bei meinem DVD-Vortrag („Sprachen lernen leicht gemacht") erkläre ich u.a. **10 verschiedene Gründe, warum Vokabel-Pauken nicht gehirn-gerecht sein kann. Ein** Aspekt ist das sogenannte **De-Kodieren** (das wort-wörtliche Übersetzen). Es entspricht der Tendenz vieler SchülerInnen, automatisch wörtlich zu erfassen, was in der Zielsprache tatsächlich gesagt wird. So bedeutet (englisch) „What's up?" genaugenommen „Was ist **auf**?" und NICHT „Was ist los?". Schulen aber erzwingen leider immer (noch) die sogenannte gute Übersetzung (die für das LERNEN überhaupt nicht gut ist). Dies führt später zu völlig unnötigen Fehlern (z.B. „What's lose?" statt „What's up?") und **verhindert das Erstverstehen maßgeblich**. Selbst wenn wir Dolmetscher werden wollten, sollte die gute Übersetzung der **letzte** Lernschritt sein, nicht der erste!

Grund Nr. 3: Sprache als Instrument des Denkens

Vor Jahrzehnten entwickelte ich u.a. ein Spezial-Seminar für Führungskräfte (das weitgehend firmenintern abgehalten wird), bei dem es darum geht, „wie Sprache für uns denkt" (wie Sprache unser Denken prägt). WITTGENSTEIN sagte: „Die Grenzen meiner Sprache sind die Grenzen meiner Welt." KORZIBSKY spricht von **Sprache als Landkarte**. Sie bildet ab (natürlich nie 100%ig, da diese Beschreibung sonst eine zweite Welt wäre). Wenn ich gewisse Wörter oder Möglichkeiten, mich auszudrücken, **nicht** habe, dann kann ich das auch nicht denken. Deswegen ist jeder Einblick in eine FREMDE Sprache immer auch ein interessanter Spiegel unserer eigenen. Wenn Sprachen wie Japanisch und Chinesisch keinen Plural kennen, dann hat das gravierende Auswirkungen auf das Weltbild der Sprecher. Wieso? Nun, bei Begriffen wie „Buch", die gleichzeitig Buch oder Bücher beschreiben, leuchtet uns das nicht ein. Aber denken Sie über abstrakte Begriffe wie **Wahrheit, Wahrnehmung, Richtigkeit** oder **Wirklichkeit** nach. Wir meinen mit Wahrheit EINE EINZIGE (meist die eigene oder die eines Experten, den wir gerade zitieren) und unterscheiden durch den Plural, daß es vielleicht auch ANDERE WAHRHEITEN geben könnte. **Sprachen ohne Plural** dagegen sind sich immer bewußt, daß alles EIN ODER MEHRERE sein könnte. Das gilt für die Wahrheit genauso wie für die (einzige) Wirklichkeit, die wir automatisch meinen, wenn wir rechthaberisch auf unserem EINZIG DENKBAREN Standpunkt beharren. **Dies aber ist für Asiaten, deren Sprachen keinen Plural haben, überhaupt nicht nachzuvollziehen.** Es fehlen ihnen die gedanklichen Strukturen für Rechthaberei! Ist das nicht spannend? Denken Sie vielleicht daran, wenn wieder jemand behauptet, er habe die Wahrheit mit Löffeln gegessen und alle anderen seien im Unrecht, weil es nur EINE (seine) Wahrheit, Wirklichkeit etc. geben kann. Sie sehen also: Ein Blick in eine fremde Sprache kann die eigene sehr erhellen.

Die BIRKENBIHL-METHODE wurde ursprünglich für (junge) erwachsene **SelbstlernerInnen** entwickelt, wird aber seit einigen Jahren zunehmend auch als Unterrichts-Methode eingesetzt. Bei Interesse nehmen Sie über unsere WAND-ZEITUNG auf **www.birken-bihl.de** Kontakt auf. Aber bitte erst, nachdem Sie den Beitrag mit der ROTEN ÜBERSCHRIFT gelesen haben, denn die meisten der Fragen, die Sie stellen wollen, wurden in den 3.000 Seiten Wandzeitung bereits gestellt UND BEANTWORTET. So müssen Sie nicht erst auf Antwort warten. Wir stellen auch gern Kontakt zu jenen Leuten her, die nach meiner Methode lehren.

Grund Nr. 4: Wie sehr unterscheidet sich das Arabische vom Deutschen?

Man kann die Schwierigkeiten für Fremde, die unsere Sprache lernen
wollen (müssen), nur wenig nachvollziehen, wenn man keine Ahnung
hat, wie deren Sprache funktioniert. Weiß ich z.B., daß es im Chinesischen weder eine Konjugation noch eine Deklination gibt, weil alle
Wörter UNVERÄNDERLICH sind, dann begreife ich, wie unheimlich
schwer es für Chinesen sein muß, zig Formen zu lernen, z.B. bei Verben (ich schreib-**e**, du schreib-**st**, er schreib-**T**...) oder Substantiven
(der Mann, des Mann-**es**, dem Mann-**e**...), wobei wir im Deutschen
derzeit immer mehr dieser Formen verlieren (kaum noch jemand sagt
„dem Manne"). Ähnlich ergeht es Arabern mit unseren drei Geschlech-
tern: Kommt jemand aus einer Sprachwelt, in der es nur zwei Geschlechter gibt, die im Einzelfall aber von unseren abweichen (arabisch: DER Sonne; deutsch: DIE Sonne), dann muß er umlernen. Kommt
er aber aus einem Land, dessen Sprache überhaupt kein Geschlecht
kennt, kann er die Idee, daß ein Bleistift oder eine Tasse ein Geschlecht haben sollen, zunächst überhaupt nicht begreifen. Er muß
mehr als prüfen, ob die Geschlechter „gleich" sind, er muß eine total
fremde Idee in sein Denken integrieren. Deshalb heißt es ja, daß jede
Sprache uns geistig neue Welten bietet. Und je andersartiger die Sprachen sind, die wir lernen, desto mehr weiten sie unseren Horizont. Je
klarer wir begreifen, daß andere Sprachen ganz andere Arten kennen, um etwas uns Vertrautes auszudrücken, desto mehr Offenheit für
fremde, andere Denkweisen entwickeln wir.

Grund Nr. 5: Es gibt KEINE TROCKENE THEORIE

Mein Vater (ein genialer Management-Trainer) pflegte immer zu sagen: „Es gibt keine trockene Theorie, nur trockene Theoretiker, als da
sind: Professoren, Dozenten, Lehrer, Chefs, Kundenberater, Eltern..."
In seinem Seminar-Raum, an einer Stelle an der vorderen Wand, auf
die man automatisch blicken mußte, wenn man sich gelangweilt hätte, hing ein großes Plakat mit der Aufschrift: „Die Hauptsünde im
Seminar ist Langeweile." Nun gab es in den frühen Seminaren über

gehirn-gerechte Vorgehensweisen (insbesondere für Lehrende) immer TeilnehmerInnen, die behaupteten, ihr Fach sei einfach „trocken", da könne man nichts machen. Dies führte dazu, daß wir uns immer wieder in für uns neue Themenkreise einarbeiten mußten, nur um jenen Leuten zu beweisen, daß auch ihr Fach gehirn-gerecht aufbereitet werden konnte! In meinem Fall widmete ich mich zu diesem Zweck einigen **Programmiersprachen** und einer Einführung in die **EDV** für alle, die damals noch Berührungsängste hatten (s. Rand).

Damals begann ich auch, mir den Themenkreis der **Quantenphysik** allein anzueignen, den ich Jahre später (November 1995) an der TU München vorstellte (vgl. DVD „Von Null Ahnung zu etwas Quantenphysik"[1]). Zwei Jahre später folgte die **Komplexitäts-Theorie** („Von Null Ahnung zu etwas Komplexität"). Wieder einige Jahre später folgte die **Memetik** (da kaum jemand den Namen dieser jungen Wissenschaft kennt, heißt dieser DVD-Mitschnitt „Viren des Geistes"). Und dann kam **Chinesisch** (Türkisch, Japanisch und in diesem Büchlein – Arabisch). Im Vortrag „Von Null Ahnung zu etwas Chinesisch" sagte ich:

> Wir befassen uns heute mit Sprache, Grammatik, Sprachlehre. Sie gehören angeblich zu den langweiligsten Fächern in der Schule. Trotzdem werden Sie sehen, daß es eben nicht langweilig sein muß. Das liegt nämlich (wie bei jedem Unterricht, Vortrag etc.) **nicht etwa** am Thema, sondern an der Art, wie es präsentiert wird.

In der TEXT-SCHUBLADE auf **www. birkenbihl.de** finden Sie ein Faksimile einer Anfang der 1980er Jahre entstandenen Seminar-Unterlage, die später als Büchlein plus Kassette erschien („Von Null Ahnung zu etwas EDV"), zum kostenlosen Download.

---

1   Ursprünglicher Titel: „Gehirn-gerechte Einführung in..." Heute: „Von Null Ahnung zu etwas..."

Natürlich bieten die Vorträge (auf DVD) jeweils nur eine Art roten Faden für das Buch, in dem manches umgestellt, weggelassen oder ergänzt wird (also enthält das Buch immer auch Zusatz-Materialien, die im Vortrag nicht vorkommen), aber sich dem Thema SPIELERISCH zu nähern und die Probleme, die Einsteiger zwangsläufig haben müssen, im Vorfeld bereits abzufangen, so daß Frust gar nicht erst entstehen kann, das ist **die Kunst des gehirn-gerechten Vorgehens**. In meinem neuen **Weblog** www.Birkenbihl-denkt.de (ab Winter 2007), finden Sie das Thema SPRACHEN LERNEN ebenfalls (unter „S") – und zwar sowohl eine Rubrik für Autodidakten als auch eine für SchülerInnen und KursteilnehmerInnen, deren Lehrkräfte ihnen vielleicht eine Menge Unsinn einreden wollen (wie z.B. daß es ohne Vokabelpauken nicht ginge).

Das **WQS** erlaubt es uns, uns einem komplexen Thema **spielerisch** zu nähern (vgl. Merkblatt Nr. 1, Seite 116ff.).

Übrigens wurden Vortrag und Buch an einem sogenannten **WQS©** aufgehängt. Der Begriff steht für WISSENS-QUIZ-SPIEL, wobei das **Quiz** sowohl eine Quiz-**Frage** als auch eine kleine Quiz-**Aufgabe** sein kann. Und da nichts den Geist besser öffnet als **Fragen** bzw. **Selbst-tun-Dürfen**, bereitet ein WQS Sie optimal auf die Inhalte vor, die **im zweiten Durchgang folgen**. Lassen Sie sich deshalb bitte darauf ein. Legen Sie **Schreibzeug** und viel Papier bereit und **SPIELEN Sie sich in die ARABISCHE Sprache hinein...** Sie werden in wenigen Stunden Dinge erfahren, die mich viele Jahre gekostet haben (weil ich mir vieles anhand von teilweise extrem schlechten Sprachlern-Kursen mühsam selbst erarbeiten mußte), und sich so viel Zeit sparen...

Der Aufbau dieses Buches

Wer einige meiner Bücher kennt, weiß: Teile, die man **chronologisch** (in der vorgegebenen Reihenfolge) lesen sollte, heißen **KAPITEL**, modular lesbare Teile nenne ich **MODULE**. Dieses Buch sollte linear angegangen werden, deshalb besteht es aus 6 KAPITELN in Teil I und aus 5 MODULEN in Teil II.

Nach dem PROLOG (s. oben) folgt **TEIL I**:

- **Kapitel 1 und 2: WQS** (einige kleine Aufgaben)
- **Kapitel 3:** Die **Auflösungen zum WQS** bieten einen **ersten** Einstieg. Wenn Sie bei den Fragen und Spielen mitmachen, kann dieses Buch (wie viele meiner Bücher) de facto zum **Buch-Seminar** für Sie werden. Falls Sie es mit Freunden angehen wollen (vielleicht erst die DVD schauen, dann das Buch durcharbeiten?), könnte es ein Projekt für ein intensives Wochenend-Seminar werden.

  Freitagabend DVD, Samstag und Sonntag Buch Teil I; danach entscheidet jede/r, ob er/sie etwas tiefer einsteigen will (Teil II und III).

- **Kapitel 4: Über das De-Kodieren.** Ich verdanke es ausschließlich dieser Technik, daß ich mich (fast nebenbei) in die Grundlagen von über 20 Sprachen einarbeiten konnte – schließlich ist Sprachenlernen nur eine von **ca. 50 Denk- und Lern-Techniken**, die ich im Laufe von 40 Jahren entwickelt habe, und somit genaugenommen „ein **Nebenthema**", dem ich nur relativ wenig Zeit widmen kann.

- **Kapitel 5: Welches Arabisch?** Hier geht es um die Frage, ob man mit Hocharabisch einsteigen oder eine der regionalen Sprachen lernen sollte (z.B. Ägyptisch, das Arabisch der Golf-Staaten etc.).

- **Kapitel 6: Ein wenig Sprachlehre.**

KAPITEL bitte chronologisch (der Reihe nach) lesen. ☺

MODULE
ganz nach
Belieben
("modu-
lar") ☺

TEIL II: Für alle, die ein wenig tiefer einsteigen wollen

- **MODUL 1: Das arabische Schriftsystem**
- **MODUL 2: Noch einmal De-Kodieren!**
- **MODUL 3: Erste Geh-Versuche**
- **MODUL 4: De-kodierte Version eines kurzen Textes**
- **MODUL 5: BONUS-MATERIAL (Romanauszüge)**

TEIL III: Anhang

- **Merkblätter (inklusive 2 Wurzelwörter-Listen)**
- **Literaturverzeichnis**
- **Stichwortverzeichnis**

Ich wünsche Ihnen viel Ent-DECK-er-Freude!

Vera F b ☺

Vera F. Birkenbihl im Frühjahr 2008
www.birkenbihl-insider.de (allgemeine Homepage)
www.birkenbihl-denkt.de (Weblogs zu meinen Denk-Tools)

Auf meiner Website **www.birkenbihl-institut.de** sehen Sie links drei Ordner, von denen einer einen **SMILEY** trägt. Wenn Sie den anklicken (Paßwort: **null-ahnung-ARAB**), finden Sie einige **Materialien** zum Ausdrucken (z.B. die beiden Listen aus Teil III).

TEIL I: GRUNDLAGEN

KAPITEL 1: Sprachspiel Nr. 1

WQS 1

*mit
Sprache
SPIEL-en!*

Man kann eben nur **ernten**, wenn man **gesät** hat.

Beginnen wir mit dem „roten Faden" in Form von WQS-Fragen oder Aufgaben (wenn Sie die Natur des WQS näher kennenlernen wollen, s. Merkblatt Nr. 1, Seite 116ff.). Bei einigen der folgenden WQS steht das „Q" allerdings für **Quiz-Aufgabe, denn ich möchte Sie zu einigen kleinen SPRACHSPIELEN einladen**. Sehen Sie es zunächst als **SPIEL** an, später erfahren Sie einen **Zusatz-Nutzen**. Das Spiel lebt von dem Reiz, den wir erleben, wenn wir etwas wahrnehmen, das uns **entweder in ähnlicher Form bekannt** ist **oder** uns **an etwas erinnert**. Daß wir bei Spielen mit diesem Vorteil extrem gut **lernen**, wissen die meisten Menschen nicht, weil didaktisch sinnvolle Spiele in Schule und Ausbildung viel zu kurz kommen. Deshalb möchte ich Ihnen mit diesem Spiel **u.a. auch** zeigen, wie LEHRREICH es ist, aber das kann ich erst, NACHDEM Sie gespielt haben. **Wer nur liest, wird diesen Vorteil nicht nutzen können.** Wenn Sie also spielerisch säen wollen, dann suchen Sie schon einmal Papier und Stifte...

Wir beginnen damit, einen Bogen Papier im Querformat in mehrere Spalten zu unterteilen. Die Spalte **ganz links** enthält einige Begriffe, die Ihnen wohlbekannt bekannt sein dürften, in den **weiteren Spalten** (rechts davon) werden wir **Variationen des Begriffs kreieren**. Deshalb bezeichnen wir die Spalte ganz links als **Spalte NULL** (= Ausgangswort), so daß wir die **folgenden Spalten** (= mit den Variationen) normal nummerieren können: **1, 2, 3** etc. Tragen Sie ganz links (Spalte Null) folgende Begriffe ein:

a) TÄTER
b) VATER
c) MACHER
d) LEHRER
e) SCHÜLER

Spalte 1: Konsonanten finden

Man unterscheidet sogenannte Vokale (A, E, I, O, U, Ä, Ö, Ü[2]) von den Konsonanten (B, C, D, F, G, H, J, K, L, M, N, P, Q, R, S, T, V, W, X, Z). Y gilt als Halbvokal, da es als „J"-Klang eingesetzt werden kann („Yacht") oder als Vokal (englisch „boy"). Es ist beim Sprachenlernen immer hilfreich, Vokale und Konsonanten unterscheiden zu können, wie das Sprachspiel gleich zeigen wird.

AUFGABE für **Spalte 1**: Versuchen Sie, aus dem jeweiligen Wort **die KONSONANTEN „herausziehen"**, im Falle von „TäTeR" ergäbe dies: **T-T-R**.

Lesen Sie die (auf dem Kopf stehende) Auflösung **erst**, **nachdem** Sie die Aufgabe **gelöst** (oder sie zumindest zu lösen **versucht**) haben.

> **T–T–R**
> **V–T–R**
> **M–CH–R** (s. Kommentar 1)[3]
> **L–R–R** (s. Kommentar 2)
> **SCH–L–R** (s. Kommentar 3)

KOMMENTARE

Bitte beachten Sie, daß in vielen Sprachen keine Buchstaben-KOMBI-NATIONEN nötig sind, um gewisse Laute auszudrücken:

a) **zu M-CH-R:** Ob Griechisch, Spanisch oder Arabisch, bei **„CH"** genügt **ein** Buchstabe. Ich kennzeichne solche Kombis mit einem „Kringel", um mir vor Augen zu führen, daß ich in einem anderen Schriftsystem hierfür nur EINEN einzigen Buchstaben benötige:

---

2 Vokal-Kombinationen wie „ei", „au", „eu" etc. interessieren uns in diesem Zusammenhang nicht.

3 Hier sehen Sie an den BINDESTRICHEN, daß die Buchstaben dazwischen jeweils als EINHEIT gelten. Die Kommentare (unten) erklären, warum.

LRR

b) **zu L-R-R:** Unser deutsches **Dehnungs-h**[4] ist eine Ausnahme, die meisten Sprachen verdoppeln den Vokal (wie auch wir bei **SAAT** oder **LEER**). Manchmal gibt es auch Aussprache-Regeln, wann bestimmte Vokale lang ausgesprochen werden müssen. Also: Wann immer Sie die Aussprache eines **gedehnten** Wortes **in ein anderes Schriftsystem übertragen wollen**, versuchen Sie, den **KLANG** zu übertragen und nicht jeden Buchstaben (wie z.B. das Dehnungs-h). Wenn wir bestimmte Klänge in andere Sprachen „übersetzen" wollen, müssen wir das Dehnungs-h oder -e (z.B. bei „sie") rigoros streichen.

SCH LR

c) **zu SCH-L-R:** Sogar das **SCH** (Kombination aus drei Buchstaben) wird in anderen Sprachen (von Arabisch bis Türkisch) nur mit einem Zeichen geschrieben (daran soll das Einkreisen Sie wieder erinnern). Im Englischen sind es zwei Zeichen („sh"), **wir Deutsche benötigen drei Buchstaben**. Das erfordert bei **Handschrift** viel extra Schreibarbeit. Deshalb schreibe ich in meinen Notizen oft die türkische Variante (ein „s" mit einem Häkchen darunter, wie die Cedille unter dem französischen ç bei „garçon"); dieses besondere „s" steht ebenfalls für die Kombination SCH. Auch im Arabischen brauchen wir nur einen Buchstaben, da dieser aber von rechts nach links geschrieben wird, ist in normalen Notizen die türkische Variante (von links nach rechts) praktischer.

Bitte korrigieren Sie! Nun dürfen in **Spalte 1** nur noch je **3 KONSONANTEN** zu finden sein, auch wenn wir diese mit DEUTSCHEN Buchstaben teilweise als KOMBIs schreiben müssen. Deshalb sollten Sie spätestens jetzt die Kombis mit einen „Kringel" verbinden:

---

4   Zwar gibt es in einigen indischen Sprachen sowie im Türkischen so etwas ähnliches wie ein Dehnungs-g, aber auch hier würde gelten, was wir für das deutsche Dehnungs-h gesagt haben.

Spalte 2: vorne langes aa, hinten kurzes i

Nun werden wir **neue Wörter bilden**, indem wir ein **einfaches MUSTER** erlernen. Bitte denken Sie daran, daß solche Spielchen zu mehreren mehr Spaß machen als allein. Man kann auch am Telefon gemeinsam herumprobieren...[5] Die Regel lautet:

ERSTER KONSONANT	aa	ZWEITER KONSONANT	i	DRITTER KONSONANT

Aus **TäTeR** (in Spalte 1 auf **T–T–R** reduziert) wird so nun **TaaTiR**. Bitte füllen Sie jetzt die **2. Spalte** aus.

Bitte lesen Sie Ihre Wortschöpfungen LAUT vor. Falls Sie wollen, können Sie die KONSONANTEN auch farbig markieren (= anmalen).

a) TaaTiR
b) VaaTiR
c) MaaCHiR
d) LaaRiR
e) SCHaaLiR

Spalte 3: vorne kurzes i, hinten langes aa

Nun tun wir genau das **Gegenteil** (vgl. Spalte 2): **Vorne** finden wir jetzt das **kurze i**, hinten das **lange aa**, wie in **TiTaaR**. Bitte konstruieren Sie die Wortspiel-Ergebnisse entsprechend dieser Spielregel, ehe Sie nachsehen.

Bitte lesen Sie Ihre Wortschöpfungen LAUT vor. Malen Sie die KONSONANTEN farbig an. Anschließend lesen Sie jeweils die **parallelen Begriffe in den Spalten 2 und 3 laut vor** und vergleichen den Klang: **VaaTiR** vs. **ViTaaR**.

a) TiTaaR
b) ViTaaR
c) MiCHaaR
d) LiRaaR
e) SCHiLaaR

Na, klingt das nicht schon einigermaßen arabisch?

---

5 Sie möchten das SPIEL gern **SEHEN**? Der Seminar-Mitschnitt auf DVD (gleicher Titel wie dieses Büchlein) enthält es: einmal im Vortrag (als WQS-Aufgabe) und eine Zusammenfassung als BONUS-Material (so daß man nicht lange im Vortrag suchen muß, um die Stelle zu finden).

Spalte 4: Vorsilbe ma + (Formel)

Nun beginnen wir mit der Vorsilbe „**ma**" und fügen den ersten KON-SONANTEN hinzu (**ma**T...), unmittelbar daran anschließend den zweiten KONSONANTEN (**ma**TT...), dann ein **kurzes a** (**ma**TT**a**...), gefolgt vom letzten (dritten) KONSONANTEN (**ma**TT**a**R). Denken Sie dabei bitte immer daran, daß wir mit „Konsonant" auch jene Kombinationen meinen, die wir wie **einen** Konsonanten behandeln („CH" oder „SCH"), weil sie in einer fremden Schrift (hier Arabisch) als **ein Buchstabe** geschrieben werden (s. Seite 21f.). Und wieder gilt: Erst selbst denken, dann nachschauen...

Bitte lesen Sie Ihre Wortschöpfungen **LAUT vor** und malen Sie die KONSONANTEN farbig an.

a) **ma**T•T**a**R (s. Kommentar 1)
b) **ma**V•T**a**R
c) **ma**M•CH**a**R (s. Kommentar 2)
d) **ma**L•R**a**R
e) **ma**SCH•L**a**R (s. Kommentar 3)

KOMMENTARE

1. Das kleine Bällchen zwischen dem ersten und dem zweiten KON-SONANTEN soll Ihnen helfen, klar zu sehen, was wir hier „veranstalten". Wir nutzen es in diesem Fall, damit es Ihnen leichter fällt, die aneinanderstoßenden Konsonanten sauber auszusprechen.
2. Denken Sie immer daran, daß **CH** nur **einen** Klang beschreibt.
3. Dasselbe gilt für das **SCH**...

Spalte 5: diesmal mi + (dieselbe Formel)

Nun ändern wir die Vorsilbe **ma**- in **mi**- und spielen dasselbe Spiel wie in Spalte 4.

Bitte lesen Sie die Wortschöpfungen der letzten beiden Spalten laut vor und vergleichen Sie deren Klangbild. Und, wie immer, malen Sie die Konsonanten farbig an.

a) **miT•TaR** (s. Anmerkung)
b) **miV•TaR**
c) **miM•CHaR**
d) **miL•RaR**
e) **miSCH•LaR**

Anmerkung: Beachten Sie, daß wir zwar die **KONSONANTEN** in unseren neuen Wörtern **GROSS**schreiben, nicht aber die Konsonanten in der Vorsilbe „**ma-**" beziehungsweise „**mi-**". Dies ist Absicht! Warum das so ist, werden Sie noch erfahren.

PS.: Sie ahnen schon, daß unsere komischen Wortschöpfungen Ihnen etwas über arabische Wörter verraten; hier sehen Sie, wie unser WQS 1 aussähe:

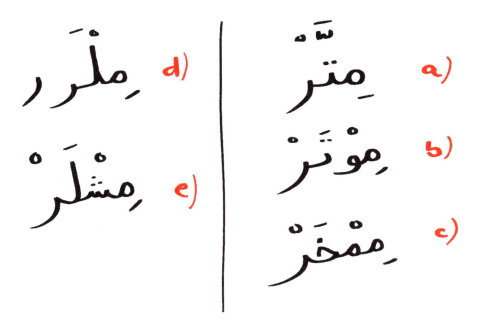

KAPITEL 2: Sprachspiel Nr. 2

WQS 2

Bitte ziehen Sie nun einen Doppelstrich (oder beginnen Sie ein neues Blatt), weil wir in diesem zweiten **WQS ein neues Spiel** beginnen. Trotzdem führen wir die Grundidee fort; deshalb nummerieren wir die Spalten **weiter**. Wer noch Platz hat, kann gleich auf dem ersten Blatt fortfahren (beziehungsweise das zweite ankleben).

Spalte 6: a + a + a

Wir beginnen wieder bei unseren KONSONANTEN **ohne** Vorsilbe (s. Spalte 1). Diesmal fügen wir hinter jeden KONSONANTEN jeweils ein **a** ein. So wird aus dem einstigen TäTeR nun: **TaTaRa**. Wie geht die Reihe in Spalte 6 weiter? Sie sind dran!

a) TaTaRa
b) VaTaRa
c) MaCHaRa
d) LaRaRa
e) SCHalaRa

Bitte laut vorlesen (das kennen Sie ja bereits). Malen Sie auch die KONSONANTEN wieder farbig an.

Die meisten Leute sprechen beim Vorlesen den mittleren Konsonanten relativ kurz aus. Bitte registrieren Sie, daß Sie das in diesem Fall NICHT tun sollen. Lesen Sie also noch einmal, wobei Sie den mittleren Konsonanten klar betonen, das heißt, daß er nicht besonders schnell gesprochen werden darf. Das ist wichtig, weil wir im nächsten Schritt diesen mittleren Konsonanten verdoppeln werden!

Spalte 7: Verdoppelung des mittleren Konsonanten

Jetzt wird aus dem einstigen VaTeR: **VaTTaRa**. Wie geht die Reihe in Spalte 7 weiter? Sie sind dran!

Bitte das Ergebnis wieder laut vorlesen und die KONSONANTEN farbig anmalen.

> e) **SCHaLLaRa**
> d) **LaRRaRa**
> CH wird auch verdoppelt!)
> c) **MaCHCHaRa** (Achtung:
> b) **VaTTaRa**
> a) **TaTTaRa**

Sie erfahren **bald**, **warum** ich diese beiden Sprachspiele mit den hier gezeigten Variationen entwickelt habe. In der Zwischenzeit gilt: **Üben Sie ruhig ab und zu** (zumindest **laut vorlesen**); Sie können die Listen auch mehrfach anlegen. Dafür sprechen drei Regeln aus meinem Haupt-Gebiet (= der Forschung zu Gehirn, Lernen und Lehren):

1. Jedesmal, wenn wir Neues wiederholt **KONSTRUIEREN**, **erleichtern wir das spätere RE-KONSTRUIEREN**, wenn wir uns **erinnern** wollen.

2. Mehrmaliges langsames **KONSTRUIEREN** (gern in extremer Zeitlupe) ist **weit effizienter als PAUKEN oder BÜFFELN**.

3. Lieber **mehrmals KONSULTIEREN** (z.B. die Spielregeln **nachschlagen**) **als einmal pauken; das ist effizienter**.

Die letzte Regel gilt übrigens auch (sogar in besonderem Maße) für **Vokabeln**. Auf **www.birkenbihl-denkt.com** finden Sie unter dem Stichwort **SPRACHENLERNEN** (Unterpunkt **„Für Klasse und Kurs"**, das heißt Sprachenlernen für SCHÜLER-Innen) eine Erklärung plus acht VIDEO-CLIPS, die zusammen ein **kostenloses 50-Minuten-Seminar** ergeben. (Bitte weitersagen, vor allem SchülerInnen, deren Lehrkräfte sie mit Vokabelpauk-Befehlen **machtlos** halten wollen!)

Viermal „haben"?

WQS 3   **Bitte lesen Sie die folgenden** vier Sätze und fragen Sie sich: Sind alle Sätze „richtig" oder hat sich da ein Fehlerchen eingeschlichen?

1. Ich **habe** ein **Feuerzeug**.
2. Ich **habe** einen **Freund**.
3. Ich **habe Angst**.
4. Ich **habe** ein **Problem**.

Ihre Einschätzung: Finden Sie einen dieser Sätze weniger „richtig" oder „stimmig" als die anderen? Wenn ja, welchen (und warum)?

Und eine Variante...

WQS 4   **Wie steht es mit diesen** Variationen?

1. Ich habe ein **rotes** Feuerzeug.
2. Ich habe einen **guten** Freund.
3. Ich habe **große** Angst.
4. Ich habe ein **riesiges** Problem.[6]

Ihre Einschätzung: Finden Sie einen dieser Sätze weniger „richtig" oder „stimmig" als die anderen? Wenn ja, welchen?

Schattenspender

WQS 5   **Gibt es an dem** folgenden Satz irgend etwas, das Ihnen komisch vorkommt? Wenn ja, was? **Der Baum spendet Schatten.**

Wollen wir uns diese Antwort **sofort** ansehen und dann die letzten WQS.e angehen, weil diese Reihenfolge Ihnen am leichtesten zeigt, worum es geht.

---

6 Hier im Buch können wir einige Aspekte ausführlicher behandeln als im Vortrag (falls Sie mit der DVD vergleichen).

Erste Einsichten über schattenspendende Bäume...

Normalerweise denken wir über die Sprache, die wir täglich verwenden, selten bewußt nach, aber es lohnt sich. So machte der amerikanische Sprachforscher Benjamin Lee WHORF (s. Literaturverzeichnis, Seite 136) bereits vor Jahrzehnten auf eine interessante Tatsache aufmerksam:

> In den indo-europäischen Sprachen neigen wir dazu, Dinge **zu TÄTERN zu machen**, die gar keine sind, einfach weil unsere Syntax einen „Täter" (Subjekt) fordert.

So behaupten wir z.B. der **BAUM** (= Täter, das heißt Subjekt) **spende Schatten**, analog der Formulierung, ein reicher **MANN** (= Täter, das heißt Subjekt) **spende Geld**. Allerdings spendet der BAUM genaugenommen gar nichts, er steht nur „so herum", aber in indo-europäischen Sprachen benötigen wir außer dem Täter immer auch das, was „getan" wird (eine **Handlung**), das heißt ein **Verbum** (Tätigkeitswort) als sogenannte **Satzaussage**. Andernfalls behaupten Grammatiker, der Satz sei nicht „richtig", unabhängig davon, ob er von der Logik her schlüssig ist. In den von WHORF besonders erforschten Indianersprachen könnte man (z.B. in der HOPI-Sprache) sagen „Schattiges bei Baum", und das wäre bereits ein „richtiger" (ganzer) Satz, ohne daß man behauptet, der Baum wollte Schatten **spenden**. Auch im **Türkischen**, **Japanischen** oder **Chinesischen** müssen wir den Baum nicht zum Spender machen. Hier können wir ebenfalls feststellen „(Des) Baumes Schatten" — ohne daß Grammatiker uns vorwerfen dürfen, unser Satz sei „nicht richtig".

Dieser kleine Ausflug in die **Semantik** (= die Lehre von der **Bedeutung**) hilft uns bei den **zweimal vier Sätzen**, die das Wort **HABEN** beinhalteten (WQS 3 und 4). Überlegen Sie mit: **Warum verwenden wir im Deutschen jedesmal das Wörtchen „haben"**? Handelt es sich tatsächlich **viermal** um **vergleichbare** Beschreibungen? Oder handelt es sich um eine **ähnliche Täuschung** wie bei der Idee, der Baum hätte sich entschieden, Schatten zu **spenden**?

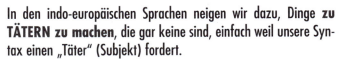

Semantik: Lehre von der Bedeutung

بِالْعَرَبِيَّةِ

KEIN
„haben"

Auf solche Gedanken verfiel ich, als ich erstmals erfuhr, daß es **im Arabischen kein Wort für „haben" gibt**. Deshalb müssen wir in jedem der vier Sätze „haben" anders ausdrücken, wenn wir sie ins Arabische übertragen wollen. Das hat mich sehr erstaunt, denn bis damals (ca. 1977) hatte ich mich **ausschließlich** mit indo-europäischen Sprachen befaßt, die **alle** ein „haben" haben. Arabisch war meine erste Sprache außerhalb unseres bekannten indo-europäischen **Denk-Rahmens**, der uns so **vertraut** ist, daß wir seine Besonderheiten so lange nicht wahrnehmen, bis wir regelrecht dazu gezwungen werden. Das erinnert mich an die alte arabische Sufi-Story von den Fischen, die wissen wollten, was **Wasser** ist. Als sie erfuhren, daß alles, was sie umgibt, Wasser sei, waren sie enttäuscht und meinten, der Erklärende wisse es wohl auch nicht. So ähnlich ist unsere indo-europäische **Sprachstruktur** (unser metaphorisches **Wasser**). Deshalb ist es so spannend, sich mit **nicht-indo-europäischen** Sprachen zu befassen, zwingen sie uns doch, über unsere indo-europäischen Eigenarten **neu nachzudenken** (dabei ist die Verwendung von HABEN nur ein Beispiel unter vielen):

Feuer-
zeug

1. **Ich habe ein Feuerzeug:** Hier sagt der Araber FEUERZEUG BEI-MIR. Damit unterscheidet er viel genauer als wir zwischen **Eigentümer** und **Besitzer**! Nur der Besitzer hat es BEI-SICH, unabhängig davon, wem das Feuerzeug derzeit **gehören** mag (wer also sein Eigentümer ist).

Freund

2. **Ich habe einen Freund:** Hier sagt der Araber z.B. ER FREUND-MEIN (das heißt, er muß konkret sagen, über **wen** er diese Aussage machen möchte). Einen Freund besitzt man nicht (wie ein Feuerzeug), und wenn man einen Menschen „besitzen" würde (z.B. einen Sklaven), dann wäre dieser per definitionem kein Freund, weil zur Freundschaft die freie Entscheidung gehört.

Angst
Problem

3. **Ich habe Angst:** Was „haben" Sie denn, wenn Sie Angst haben? Wenn schon, dann „hat" doch die Angst Sie, oder?

4. **Ich habe ein Problem:** Jetzt wird es spannend! Ein ganz bestimmter Mensch betrachtet die Welt um sich herum:

Dabei nimmt er **einen Aspekt** wahr (**rot**). Wenn er ihn „gut" findet, **haben wir kein Wort dafür** (interessant, gell?). Andernfalls **haben wir ein Wort**; wir nennen es ein **PROBLEM**. Mit dieser **Sprachregelung** implizieren wir, daß dieses **PROBLEM** etwas unabhängig von uns selbst Existierendes ist, etwas, das (wie das Feuerzeug im ersten Satz) übrig bliebe, wenn wir heute nacht sterben würden. Aber das ist **nicht** so, denn unsere PROBLEME bestehen IN UNS und lösen sich mit dem Tod des Bewußtseins auf.

Wollen wir uns nun die Variationen der Sätze ansehen.

1. **Ich habe ein rotes Feuerzeug:** Die Zusatzinfo „rot" ändert nichts an der Analyse von oben.

2. **Ich habe einen guten Freund:** Hier verändert das Wörtchen „gut" einiges. Will ein Araber nämlich ausdrücken, daß jemand ein GUTER Freund ist, kann er z. B. sagen: **Ich teile meinen Atem mit ihm.** In einer Kultur der Blutrache, in der Männer scharfe Dolche zu tragen pflegen, beschreibt dies den Grad des **Vertrauens**, der sich in einer „guten" Freundschaft herausbildet, ausgezeichnet.

3. **Ich habe große Angst.** Wie oben schon festgestellt, „hat" die Angst uns mehr als umgekehrt: Je größer die Angst, desto mehr

„hat" sie uns, das heißt, desto weniger sind wir fähig, **frei zu entscheiden**, desto weniger freien Willen haben wir. **Neurophysiologisch** produzieren wir gewisse **Gehirn-Hormone**, und es sind bestimmte **Regionen** im Hirn aktiv...

RIESIGES
Problem

4. **Ich habe ein riesiges Problem:** Hier wird **die Idee, daß Probleme außerhalb unserer selbst existieren**, auf die Spitze getrieben (ähnlich wie bei dem Satz mit der Angst). Aber genausowenig, wie es **unabhängig** von unserem Geist existierende Ängste gibt, gibt es **Probleme**, die ohne unser Bewußtsein existieren.

Sie sehen, eine Auseinandersetzung mit **nicht-indo-europäischen Sprachen** kann sehr spannend für unser **eigenes Denken** werden! Deshalb habe ich ja diese Einführungen (von Null Ahnung...) für **nicht-indo-europäische Sprachen** entwickelt (Chinesisch, Japanisch, Arabisch und Türkisch). Sie sind am spannendsten, weil sie uns die meisten Einsichten über die Art, wie **wir** Dinge ausdrücken, anbieten. Dies ist insbesondere der Fall, wenn wir **wort-wörtlich übersetzen** (darauf kommen wir noch zurück). Lassen Sie mich Ihnen im folgenden Kapitel den **Sinn der Sprachspiele** (von Seite 20ff., 26ff.) erklären.

KAPITEL 3: Sinn der beiden Sprachspiele

Seit Jahrzehnten bin ich darüber frustriert, daß Experten (z.B. Linguisten oder SprachenlehrerInnen) krampfhaft versuchen, ihnen bekannte Strukturen **auf fremde Sprachen zu übertragen**. Daß das Erlernen derselben dadurch weit schwieriger als nötig wird, nimmt man dabei nicht nur billigend in Kauf, sondern es steckt teilweise vermutlich sogar SYSTEM dahinter. Je schwieriger es scheint, die Sprache zu lernen, die der Fachmensch zu beherrschen vorgibt, **desto fähiger erscheint er/sie in den Augen der Lernenden** beziehungsweise desto **unfähiger** **kommen die Lernenden sich vor**. Das wäre relativ egal, wenn Fremdsprachen (wie in manchen Ländern) **Wahlfächer** wären. Aber die Tatsache, daß das meiste Geld in Deutschland, Österreich und in der Schweiz für **Nachhilfe** im Bereich **SPRACHE** ausgegeben wird (Fremdsprachen und muttersprachlicher Unterricht), spricht Bände. Ebenso die Tatsache, daß die meisten **SitzenbleiberInnen** wegen einer **Sprache** sitzenbleiben (was oft ihr ganzes Leben überschatten wird). Dies sollte zeigen, **daß es sich hier nicht um eine rein akademische Diskussuion handelt!**

Nun versuche ich **seit ca. 1970,** LehrerInnen dazu zu bewegen, ihre Methoden zu hinterfragen, was seit dem PISA-Schock (nach 30 relativ vergeblichen Jahren) langsam gelingt. Aber gerade diese wichtigen Leute, die Deutsch oder Fremdsprachen unterrichten, **weigern sich am meisten, über neue Wege nachzudenken**. Während meine Methoden im Ausland teilweise bereits in die Lehrerausbildung integriert werden (Österreich seit 2005), gilt der Prophet im eigenen Land wieder einmal am wenigsten. Und weil SprachenlehrerInnen, aufgrund ihrer **doppelten** Ausbildung (1. einst als **SchülerInnen**, 2. als **StudentInnen/LehramtsanwärterInnen**) oft von **völlig falschen Voraussetzungen** ausgehen, ist das **Sprachenlernen an Regelschulen so schwer**. In firmeninternen Kursen, an privaten Institutionen oder bei NachhilfelehrerInnen (die mitmachen) wird es wesentlich leichter. Warum? **Weil die LehrerInnen dieser drei**

Sprache
an
Regel-
schulen
?
.
?
.

Gruppen von ihrer Arbeit leben, das heißt, wenn sie keinen Erfolg haben, sind sie den Auftrag los, während Regelschul-LehrerInnen sich gern darauf hinausreden, die Lernenden seien demotiviert, unfähig aufzupassen, faul etc. Ich bitte Sie also, falls Sie sich überwinden müssen, über einige der in diesem Buch vorgestellten Ideen oder Techniken nachzudenken, es zumindest einmal zu versuchen. Das Hauptargument gegen das wort-wörtliche Übersetzen lautet z.B., daß es kein gutes Deutsch wäre. Das ist zwar richtig, aber auch absurd, wenn wir bedenken, daß die Aufgabe beim Lernen von Englisch, Latein, Arabisch etc. schließlich darin besteht, jene Sprachen zu erlernen. Über gutes Deutsch können wir im Deutschunterricht (sowie in allen anderen Fächern) nachdenken, nur bitte nicht bei Englisch, Latein, Arabisch...

Auflösung
WQS 1 und 2

Bei WQS 1 und 2 (den beiden Sprachspielen aus Kapitel 1 und 2) geht es darum, daß diese Fachleute uns z.B. einreden wollen, es gäbe in nicht-indo-europäischen Sprachen (wie Arabisch) dieselben Wortarten wie in den indo-europäischen. Also „verkauft" man uns einen arabischen INFINITIV (sogenannte Grundform von Tätigkeitswörtern), der dem deutschen „geben", „sprechen", „handeln", „lernen" etc. entsprechen soll. Tatsache aber ist, daß es in vielen Sprachen keine direkten Äquivalente gibt. So entspricht im Einzelfall ein einziges Wort im Chinesischen sowohl unserem HUNGER als Substantiv (Hauptwort) als auch unserem HUNGERN als Verb (Tätigkeitswort), aber auch unserem HUNGRIG als Adjektiv (Eigenschaftswort). Also kann man Du HUNG... übersetzen mit: „Hast du HUNGER?" „HUNGERST du?" „Bist du HUNGRIG?" Wenn wir Wort für Wort übersetzen (= de-kodieren), werden uns solche Dinge bewußt und wir begreifen, daß die fremde Sprache völlig anders „funktioniert" als unsere eigene (vgl. Kapitel 4, Seite 46ff.).

HUNGer
HUNGern
HUNGrig

Im Arabischen gibt es zunächst keine „Wörter" in unserem Sinne, sondern WURZELN, die aus 3 (+/− 1) KONSONANTEN bestehen.

Die meisten haben **drei** KONSONANTEN[7]. So steht z.B. die WURZEL **K–T–B** für „im weitesten Sinne mit **SCHREIBEN** zu tun habend"; die WURZEL Q–T–L enthält die Bedeutung von **TÖTEN**, die WURZEL **SCH–R–B** hat „mit TRINKEN" zu tun etc.

Darüber hinaus gibt es **Ableitungen**, die nach gewissen **Spielregeln** gebildet werden; **einige davon haben Sie in den beiden Sprachspielen gespielt**. Wenn Sie aktiv mitgemacht haben, haben Sie z.B. kennengelernt: **vorne ein langes aa, hinten ein kurzes i** (Spalte 2) oder umgekehrt (Spalte 3). **Eine weitere Variante** ist die Form vorne zwischen dem ersten und dem zweiten KONSONANTEN ein **a** und hinten zwischen dem zweiten und dem dritten ein langes **ii**: **X** a **X** ii **X**[8] (z.B. **K** a **B** ii **R** = groß, alt).

Diese Form haben Sie **noch nicht gespielt**; sie dient als **nähere Beschreibung eines Hauptwortes oder Satzgegenstands** und nimmt eine ähnliche Funktion wie unser **Adjektiv** (Eigenschaftswort) beziehungsweise **Adverb** (Umstandswort) ein, wiewohl der arabische Grammatiker es als **Substantiv** (Hauptwort) betrachtet. Er kennt nämlich offiziell überhaupt keine Adjektive. Im Arabischen gibt es nur drei Wortarten: Substantive, Verben und **sonstige** (hierzu gehören u.a. alle „kleinen" Wörter von „und" oder „mit" über „auf" etc. bis hin zu „aber" und Frage-Partikeln).

Hat z.B. die WURZEL **K–B–R** im weitesten Sinne mit **wachsen, gedeihen, (sich) entwickeln** zu tun, dann kann die Form KaBiiR mit „groß" oder „alt" übersetzt werden. Handelt es sich um ein **Lebewesen**, so steht es für „alt", andernfalls für **groß**. Sie kennen vielleicht den Superlativ „a**KB**a**R**" in **Allahu a**KB**a**R** (= Allah ist am größten). Wäre Gott ein normales Lebewesen, müßten wir übersetzen: **Allah ist am ältesten.** Sie ahnen, wie spannend es werden

---

7 Einige wenige haben zwei oder vier; für unsere Zwecke reicht es, uns mit den regelmäßigen dreigliedrigen WURZELN zu befassen.

8 Jedes **X** steht für einen Konsonanten (inklusive eines CH oder SCH).

WURZEL-
KON-
SONAN-
TEN

Z.B.

K·T·B
(schreib...)

Q·T·L
(töt...)

SCH·R·B
(trink...)

K·B·R
KaBiiR

كبير

aK·BaR

أكبر

kann, solche Ableitungen zu analysieren, um herauszufinden, was sie im Einzelfall **bedeuten**. Denn viele Bedeutungen werden in ähnlicher Form aus der Wurzel hergeleitet (weitere Beispiele werden Sie noch kennenlernen).

Dabei wird klar, daß Lernende weit weniger von Lehrkräften abhängen als bei „chaotischeren" Sprachen wie unseren indo-europäischen. Zwar kennen auch wir einige **Wort-Familien** (Schreiber, Schreibtisch, Schreibbüro etc.), aber die meisten Begriffe scheinen aus der Sicht eines Arabers willkürlich gewählt (Stift, Papier, Füllfederhalter, Manuskript, Buch, Heft etc.), **denn sie alle können im Arabischen von der Wurzel für SCHREIBEN (K-T-B) abgeleitet werden**. Für Interessierte habe ich zwei Listen **mit einigen Wurzeln** erstellt (deren Aufbau noch erläutert wird, Seite 69f.).

Und gerade diese spannenden Ableitungen wollen Sprachbuch-AutorInnen und LehrerInnen uns gern verheimlichen, wenn sie den Eindruck erwecken, **KaBiiR** sei ein **Adjektiv** (Eigenschaftswort), wiewohl **KaBiiR** für **arabische Grammatiker als Substantiv** (Hauptwort) gilt. Da es jedoch im allererst en Ansatz etwas anstrengender ist, eingefahrene alte Denkbahnen zu verlassen, um herauszufinden, **wie die fremde Sprache tatsächlich vorgeht,** werden wir von diesen Leuten systematisch **belogen**. Was während der ersten 10 Lektionen **vielleicht** für Einsteiger einfacher sein mag, wird später zum **Bumerang**, weil man fälschlicherweise annimmt, die neue Sprache „funktioniere" ähnlich wie unsere, so daß immer mehr „**Komplikationen**" auftauchen, **je weiter man fortschreitet**. Diese kann man nicht begreifen, **eben weil man von unrealistischen Voraussetzungen ausgeht**. Hier sehen wir, daß **wort-wörtliches Übersetzen** weit hilfreicher ist **als das Denken in falschen Kategorien**, und seien sie auch noch so **vertraut**. Dies wollte ich Ihnen mit den **beiden Sprachspielen** (in WQS 1 und 2) andeuten. Wollen wir sie nun detailliert auflösen.

Spalte 1: KONSONANTEN FINDEN

Mit KONSONANTEN FINDEN lernen Sie, die KONSONANTEN **bewußt** zu registrieren, weil sie (und zwar ausschließlich sie) in semitisch-hamitischen Sprachen[9] **die Bedeutung tragen**. Das ist einer der Gründe, warum **kurze Vokale in Sprachen**[10], **welche die arabische oder hebräische Schrift benutzen, weggelassen** werden (s. Modul 1, Seite 74ff.), was das Lesen sehr **erschwert**.

Auflösung
Sprachspiel 1

Konso-nanten TRAGEN die Be-DEUTUNG

Unten finden Sie einige **arabische Sprach-WURZELN**, mit denen Sie die Sprachspiele 1 und 2 „echt" nachspielen können, das heißt, damit können Sie **ganz allein** erste **echte arabische Wörter bilden**. **Diese Fähigkeit** (das heißt **Macht**) wird Ihnen im normalen Lernbetrieb systematisch vorenthalten, indem man Sie zwingt, fertige Wort-Konstruktionen zu **pauken**, statt zu lernen, was jeder (gebildete) Araber kann: Aus WURZELN Wörter ableiten! Jetzt werden Sie die verschiedenen Spalten erfassen können und lernen, was Sie bereits geübt hatten (wenn Sie mitgespielt haben):

a) **K–T–B**: mit SCHREIBEN zu tun habend (Beispiel: **Ka**T**a**B**a** = er schrieb, **Spalte 6**). Die **weibliche** Form lautet übrigens **Ka**T**a**B**at**, daran sehen Sie, daß es durchaus weitere KONSONANTEN in Wörtern geben kann (hier das – kleine – „t" am Wortende), weshalb ich vorschlage, die **WURZEL-KONSONANTEN** immer **VERSAL** (= in Großbuchstaben) und **fett** zu schreiben (setzen), damit der Überblick leichter wird. Wenn Sie **Farben** einsetzen, dann VERSAL und **farbig**.

b) **Q–T–L**: mit TÖTEN zu tun habend (Beispiel: **Q**a**T**a**L**a = er tötete, **s. Spalte 6** oder **Q**a**TT**a**L**a, **s. Spalte 7**, dessen Bedeutung ich Ihnen noch kurz vorenthalte).

---

9   In den sogenannten semitisch-hamitischen Sprachen gilt als semitischer Zweig z.B. Arabisch, Hebräisch und Aramäisch, während der hamitische Zweig nicht-semitische schwarzafrikanische Sprachen umfaßt.

10   Das gilt für **Osmanisch** (das Türkisch vor 1928), aber auch für nicht-semitische Sprachen wie **Persisch** (Farsi) und **Urdu** (eine Hindu-Variante, die mit arabischer Schrift geschrieben wird).

c) **SCH–R–B**: mit TRINKEN zu tun habend (Beispiel: **SCHaaRiB** = Getränk, **SCHaRaB**at = sie trank). Gern wird das Wort **SCHaaRiB** in Vokabelverzeichnissen (insbesondere für Touristen) als „Wein" verkauft, aber die **Grundbedeutung** ist „eine zum Trinken geeignete Flüssigkeit", und das kann von Wasser über Fruchtsaft bis zum Wein alles mögliche sein. Mehr erfahren wir aus dem **Kontext** (= Zusammenhang), **weil Wörter erst in bestimmten Zusammenhängen ihre wahre Bedeutung entfalten**, und das **verheimlichen** diese Sprachbücher (Sprachenlehrkräfte) gern. Auch unser Begriff **STUHL** kann sich sowohl auf ein **Möbelstück zum Sitzen** beziehen als auch auf etwas, auf das man sich besser nicht setzen sollte; erst der **Kontext** zeigt, ob man uns einen **Sitzplatz** anbietet oder ob man eine Probe des anderen Stuhls (für eine medizinische Analyse) erwartet...

d) **J–L–S**: mit SITZEN zu tun habend (Beispiel: ma**JL**a**S** = **Ort-des-Sitzens, Spalte 4**); dies kann von einem **Sitzkissen**, das man auf den Boden wirft, über eine **Sitzecke** in einem modernen Wohnzimmer alles mögliche sein. In diesem Zusammenhang ein Wort zur Aussprache: das „**J**"wird im Hocharabischen wie das „**J**" bei **J**OURNAL im Französischen gesprochen [jurnal][11], es kann regional auch wie das „**J**" klingen, das Deutsche sagen, wenn sie „**J**ournalismus" aussprechen [dschurnalismus]. Nur in **Ägypten** wird dieser Buchstabe als „G" gesprochen. Daher leitet sich das Wort **KAMEL** (für **Dromedar**) her: Das **Dromedar** heißt hocharabisch **JaMaL**; die Ägypter sprechen aber [**GaMaL**], daraus machten die Engländer **camel** und dies wurde später eingedeutscht: Kamel. Deshalb bezeichnen die Angelsachsen und wir das Dromedar fälschlicherweise meist als KAMEL.

e) **SCH–K–R**: mit DANKEN zu tun habend (Beispiel: **SCH**u**KR**aan = danke)

---

11 In den eckigen Klammern finden Sie **Aussprachehilfen**.

f) **S–L–M**: mit FRIEDEN zu tun habend (Beispiel: a**S-S**a**LL**aa**M** alay-kum = Der Friede auf dich/euch). Dies ist ein **traditioneller Gruß** (leider taucht er viel zu oft in Vokabelverzeichnissen als „Guten Tag" auf). Wenn Sie genau hinschauen, stellen Sie fest, daß die Formel mit „a**S-S**allaam" beginnt. Geschrieben wird genaugenommen „al-Salaam", aber bei manchen Buchstaben geht das „l" von „al" verloren und der folgende Konsonant (der erste **Wurzel-Konsonant**) wird verdoppelt. Diese Assimilierung findet bei allen sogenannten **Sonnenbuchstaben** statt, weil die **Eselsbrücke** für Araber a**SH-SH**ams = der Sonne (die Sonne ist in diesem Fall männlich!) ist. Die Eselsbrücke für die anderen Buchstaben, bei denen das „al" erhalten bleibt, ist al-**Q**amar (die Mond; Mond = weiblich).

Spalte 2: vorne langes aa, hinten kurzes i

Diese Form beschreibt jemanden, der etwas „tut", also den **TÄTER**. Bei **SCH–K–R** wäre die Form **SCH**aa**K**i**R** jemand, der **dankt**, also ein Dankender. Bei **K–T–B** bezeichnet die Form **K**aa**T**i**B** jemanden, der schreibt; sei dies nun ein **Autor** oder ein **Schreiber** (der die Worte anderer aufschreibt, z.B. ein Sekretär). Das zeigt erst der **Kontext** (Zusammenhang), was Lehrer, die Vokabel-Pauken erzwingen, nicht wahrhaben wollen.

Spalte 3: vorne kurzes i, hinten langes aa

Dieses Gegenteil der TÄTER-FORM ist auch von der Bedeutung her das **Gegenteil**, nämlich das „Getane", das **Ergebnis** dessen, was ein Täter „gemacht" (oder produziert) hat. Und das spiegelt die Ableitung sehr genau, finden Sie nicht?

a) Ki**Taa**B: **Produkt des Schreibens** (Dokument, Schriftstück, Manuskript, Buch...)

b) Qi**Taa**L: **Produkt des Tötens** (Opfer, Leiche)

شراب

جلاس

شكار

c) SCH**i**R**aa**B: **Produkt des Trinkens** (nicht alle Kombinationen ergeben **Sinn**, allerdings **könnte** man Erbrochenes nach einer Sauftour als SCHiRaaB bezeichnen...)

d) J**i**L**aa**S: **Produkt des Sitzens** (auch eine kaum sinnvolle Ableitung, allerdings könnte man sie verwenden, wenn jemand über ein steifes Knie **aufgrund von langem Sitzen** klagt...)

e) SCH**i**K**aa**R: **Das Produkt des Dankes** oder Dankens...

Wie angedeutet ergeben nicht alle theoretisch möglichen Ableitungen auch wirklich einen Sinn, demzufolge kommen einige Formen nie oder extrem selten vor. Aber bitte bedenken Sie, daß das **kein Grund** sein darf, **Lernende der Fähigkeit der Wort-KONSTRUKTION zu berauben.** Im Gegenteil: Wenn wir **selbst denken dürfen** und ganz allein feststellen, daß die eine oder andere Ableitung nicht viel (oder sogar keinen) Sinn ergibt, machen wir Ent-**DECK**-ungen — wir heben den DECK-el und lernen etwas kennen, das uns vorher verborgen war (weil noch ge-DECK-elt). **Also lassen Sie sich nie einreden, es sei wohl besser, jene Wörter zu pauken, die andere für Sie zusammengestellt haben.** Denn die Tatsache, daß wir Wörter **KON-STRUIEREN** können, bedeutet ja auch das **Gegenteil:**

> **Wir können lernen, jedem arabischen Wort, dem wir begegnen, sehr schnell anzusehen, wie wir es einstufen müssen. (Ist es ein Täter, ein Produkt etc.?)**

WURZEL**n**

Wenn wir die **Bedeutung der WURZEL kennen** (dafür gibt es WURZEL-Verzeichnisse, die Araber benutzen), können wir **selbst feststellen**, ob wir eine **TÄTER**- oder **GETANE-Form** vor uns haben, und die Bedeutung **erschließen**. So schlagen Araber die meisten Wörter nach; sie suchen **nicht** die Schreibweise, die sich momentan präsentiert. Das tun sie nur, wenn die **Herleitungen** keinen Sinn ergeben, was vorkommen kann (siehe z.B. das „Getane" bei TRINKEN, oben)

Spalte 4: Vorsilbe ma + (Formel)

Jetzt geht es um den **ORT des Geschehens**. Probieren Sie doch einmal selbst, welche KONSTRUKTIONEN sinnvoll sein können...

a) **ma**K**Ta**B: _Ort des Schreibens (Schreibtisch)_

b) **ma**QT**a**L: _Tatort_

c) **ma**SCHR**a**B: _Ort des Trinkens (Küche)_ ～

d) **ma**JL**a**S: _Stuhl_

e) **ma**SCHK**a**R: _Ort des Dankens_ ～

Nun, haben Sie es probiert? Merke: **Aktives Denken ist der beste
Weg, sich etwas zu merken.** Alles, was wir kapiert haben, ist
schon (fast) gelernt. Deshalb pauken die Leute ja meist Infos, die sie
nicht begriffen haben, von PINs über Formeln (Mathe, Physik, Che-
mie) bis hin zu Vokabeln, über deren **wahre** Bedeutung man beim
Pauken ebenfalls nicht viel lernt. Also, noch können Sie selbst denken,
ehe Sie weiterlesen, es ist Ihre Entscheidung...

a) **ma**K**Ta**B: **ORT des Schreibens** – Schreibtisch, Büro. Jetzt verstehen Sie, warum Ihnen in **einem** Text der Begriff als **Schreibtisch**,
in einem **anderen** als **Büro** angeboten werden kann. Es kommt
eben auf den **Zusammenhang** an!

b) **ma**QT**a**L: **ORT des Tötens** – so müßte die **TATORT-Sendung
auf Arabisch** heißen...

c) **ma**SCHR**a**B: **ORT des Trinkens** – dies kann z.B. eine **Bar** sein.
Ob das nun eine Milchbar, ein Café oder eine Bar im westlichen
Sinn ist, zeigt uns wieder erst der jeweilige **Kontext**. Aber denken
Sie ruhig ein wenig weiter, denn auch der **Brunnen**, an dem Men-
schen wie Tiere Trinkwasser schöpfen, könnte gemeint sein.

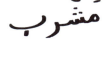

d) **ma**JL**a**S: **ORT des Sitzens** – **Sitzkissen**, das man auf den
Boden wirft, **Sitzecke** in einem modernen Wohnzimmer etc.

e) **ma**SCHK**a**R: **ORT des Dankes oder Dankens** – dies erscheint zunächst fast absurd, aber stellen Sie sich einmal vor, man würde **Tempel** als ORTE DES DANKES bezeichnen... Übrigens beschreibt das arabische Wort für Moschee diese als **Ort des Zusammentreffens**, nicht als Ort des Betens (vgl. Gebetshaus).

Spalte 5: diesmal mi + (dieselbe Formel)

Hiermit wird das **INSTRUMENT des Handelns** beschrieben, beim Töten könnte dies der Dolch oder die Pistole sein. Zum Selberdenken:

a) **mi**KT**a**B   Stift, PC, Handy

b) **mi**QT**a**L   Pistole, Dolch

c) **mi**SCHR**a**B   Glas

d) **mi**JL**a**S   Stuhl, Kissen

e) **mi**SCHK**a**R   Geschenk?

a) **mi**KT**a**B: **INSTRUMENT des Schreibens** – das kann vom **Federkiel**, mit dem GOETHE wohl noch schrieb, bis zum **PC** jedes Instrument sein, mit dem jemand schreibt, heutzutage sogar Ihr Handy, wenn Sie simsen, oder aber:

- der **Stift**, mit dem wir in weichen Ton **ritzen**
- der **Stift**, mit dem wir auf Papier **schreiben**
- der **Finger**, mit dem wir in den Sand schreiben
- die **Stahlfeder** (die wir in der Schule noch einige Jahre lang benützten)
- der **Füller**

- der **Kugelschreiber**
- der **Faserschreiber**
- der **Rollerball-Pen** etc.

Sie alle sind **INSTRUMENTE des Schreibens.**

b) **mi**QT**a**L: **INSTRUMENT des Tötens** – das wäre im **TATORT** oder bei **CSI** dann die MORDWAFFE beziehungsweise das, was den Tod bei einem Unfall bewirkt hat.

c) **mi**SCHR**a**B: **INSTRUMENT des Trinkens** – das kann ein Becher sein, eine Flasche (ob aus Glas oder aus Ziegenleder, welche das Wasser durch Verdunstung in der Sonne kühl hält, während der Inhalt in einer Glasflasche von der Sonne aufheizt wird), aber auch die hohle Hand.

d) **mi**JL**a**S: **INSTRUMENT des Sitzens** – vom Sitzkissen über Stuhl, Sessel, Couch bis zum **Thron** kann das alles sein.

e) **mi**SCHK**a**R: **INSTRUMENT des Dankes oder Dankens** – welche „Instrumente des Dankes" werden z.B. bei **Erntedankfesten** eingesetzt?

Und damit sind wir am Ende des ersten Sprachspiels angelangt.

Spalte 6: a + a + a
Diese Form bedeutet: ER HAT ES GETAN.

Auflösung
Sprachspiel 2

a) K**a**T**a**B**a**: **er schrieb** – das ist die Form, die man uns als Infinitiv anbietet, da das **WURZELWORT** (KTB) de facto nicht aussprechbar ist. Deshalb benutzen die Araber diese Form (KaTaBa), bezeichnen sie aber **nicht** als Infinitiv. Diese Wortform ist für sie eine Art **GRIFF**, um den Be-**GRIFF** des Wurzelwortes er-**FASSEN** zu können.

b) Q**a**T**a**L**a**: **er tötete**

c) SCH**a**R**a**B**a**: **er trank**

d) J**a**L**a**S**a**: **er saß**

e) SCH**a**K**a**R**a**: **er dankte** (er bedankte sich)

Spalte 7: Verdoppelung des mittleren Konsonanten

Jetzt wird der **mittlere KONSONANT verdoppelt**. Die Verdoppelung des mittleren Radikals (Wurzel-Konsonanten) bedeutet **entweder Verdoppelung der Anstrengungen oder aber Handeln auf Gegen-** beziehungsweise **Wechselseitigkeit**. Die **Beispiele** zeigen gleich, was gemeint ist:

a) KaTTaBa[12] (von K-T-B = schreiben): Hier könnte ein Legastheniker zu schreiben versuchen oder jemand, der kaum sehen kann (verdoppelte Anstrengung). Die **wechselseitige** Handlungsweise hingegen können wir als ER KORRESPONDIERTE übersetzen...

b) QaTTaLa (von Q-T-L = töten): Die verdoppelten Anstrengungen könnten ein **Blutbad** sein, ein Selbstmord-Attentäter, der möglichst viele mit sich in den Tod reißen möchte. Die **wechselseitige** Handlungsweise ergibt sich in **Kriegshandlungen**, in denen zwei (oder mehr) Parteien gegeneinander kämpfen...

c) SCHaRRaBa (von SCH-R-B- = trinken): Hier könnte man sich die verdoppelten Anstrengungen vorstellen, wenn jemand (z.B. vor einer großen Operation im Unterleib) den Darm entleeren muß und man ihm literweise eine Flüssigkeit trinken lässt, die dann per Durchfall alles nach außen bringt. Die **wechselseitige** Handlungsweise dürfte beim Trinken selten sein, allerdings gibt es in manchen Gesellschaften oder Clubs eigenartige Trink-Rituale, bei denen man erst trinken darf, wenn jemand (der Vorsitzende, Chef etc.) getrunken hat, beziehungsweise bei welchen das Trinkgefäß weitergereicht wird, bis alle getrunken haben. Oder denken Sie an „wechelseitiges Trinken", wenn man Brüderschaft trinkt...

d) JaLLaSa (von J-L-S = sitzen): Hier ergeben verdoppelte Anstrengungen wenig Sinn, es sei denn, jemand hat gerade einen großen Gips erhalten, was das Sitzen anstrengend machen könnte. Die

---

12 Deshalb sollten Sie beim Spiel darauf achten, daß Sie die einfache Form (**KaTaBa**) normal sprechen, um sie von der verdoppelten Form (**KaTTaBa**) unterscheiden zu können.

wechselseitige Handlungsweise ist beim Sitzen sicher nur unter außergewöhnlichen Umständen denkbar, z.B. in einer **Trampolin-Nummer** oder bei einer **Trapez-Gruppe**...

e) SCH**a**KK**a**R**a** (von SCH-K-R = danken): Sehr tiefer Dank könnte als verdoppelte „Anstrengung" ausgedrückt werden. Die **wechsel-seitige Handlungsweise** wäre ein **gegenseitiges Danken**, weil beide Parteien der Meinung sind, dem anderen Dank „schuldig" zu sein, oder einfach das Bedürfnis haben, sich gegenseitig zu danken. Das erlebe ich z.B. regelmäßig, wenn ich mit einem „Versuchskaninchen" neue Ideen für Texte (z.B. für ein Buch) oder Seminare beziehungsweise Vorträge „ausprobiere": Ich bin dankbar, wenn eine Person sich die Zeit nimmt, mir (z.B. am Telefon) zuzuhören, während diese Menschen es extrem spannend finden, Neues (oft lange) vor Veröffentlichung zu erfahren und manchmal auch durch eine gute Assoziation selbst ein wenig mitwirken zu können.

KAPITEL 4: Über das De-Kodieren

Fragen Sie sich, welche der folgenden Satzteile (Ausdrücke) in einem deutschen Aufsatz durchgehen beziehungsweise für „gut" befunden werden würden. Sie können auch überlegen, was die jeweiligen Ausdrücke wohl be-ZWECK-en sollen...?

- BEISPIEL 1: Der Löwe, **er brüllte ein Gebrüll**...
- BEISPIEL 2: Nach dem Befehl „etwas zu trinken zu bringen", bestätigt der Diener, **ein „Bringender"** zu sein.
- BEISPIEL 3: ... der **sich erbarmende Erbarmer**...

ein
Gebrüll
brüllen?

Nun, sie erscheinen uns **eigenartig**, aber das liegt an **unseren** durch indo-europäische Sprachen geprägten **Denk-Gewohnheiten**. Sehen wir noch einmal genauer hin:

BEISPIEL 1
Der Löwe, **er brüllte ein Gebrüll**... Wir erinnern uns, daß das Arabische nicht auf Wörtern basiert, sondern auf unaussprechlichen **Wurzeln**, die man in die entsprechende **Form** (er hat es-getan) bringt, damit man sie **aussprechen** kann, z.B. **KaTaBa** (er schrieb). Wenn man uns diese Tatsache **vorenthält**, weil man so tut, als sei die arabische Grammatik weitgehend wie unsere eigene, dann haben wir keine Chance, das eigentlich **WESEN-tliche dieser Sprache** zu verstehen. Denn oft werden die Wurzel-KONSONANTEN **wie ein musikalisches Thema variiert**. Wenn also der Löwe ein Ge-**BRüLL BRüLL**t, dann spielt man mit den KONSONANTEN **B-R-L** in einer Weise, wie wir das in indo-europäischen Sprachen selten tun und deshalb kaum nachempfinden können. Wir finden ähnliche Ansätze bei uns vor allem in der POESIE, die der „Normalmensch" (im Land der Dichter und Denker) jedoch kaum liest, während es im Arabischen **Teil der Alltags-Sprache** ist, z.B. in Storys für Kinder (Beispiel 1 und 2) und im Koran (Beispiel 3).

BEISPIEL 2
Nach dem Befehl „etwas zu trinken zu bringen", bestätigt der Diener **ein Bringender zu sein**. Diese Redewendung ist wieder ein Wortspiel. Der Chef befiehlt (a**H**-**D**a**R**!), und die Antwort (**H**aa**D**i**R**) variiert

das Thema **H-D-R**[13]... Bitte beachten Sie, daß Sie hier wieder die Formel des **Täters** finden (**TaaTiR**, **VaaTiR**, **Haa_D_iR**; wie bei **KaaTiB** = der Schreiber, s. Seite 39).

... der **sich erbarmende Erbarmer**...: Jede der 114 **Suren** (s. Rand) **im heiligen Buch des Islam, dem Qur'an**[14], beginnt mit der Wendung: bismillahi aR[15]-RaHMaaNi aRRaHayM. Das bedeutet: „Im Namen des..." gefolgt von **zwei Varianten der Wurzel-Konsonanten R-H-M**.

BEISPIEL 3

„Sura(t)" (weiblich) kann in etwa mit **Kapitel** übersetzt werden; genaugenommen heißt es **LESUNG**.

Wenn Sie sich die Mühe machen, mehrere Qur'an-Übersetzungen zu **vergleichen**, dann werden Sie feststellen, daß die sogenannte „gute Übersetzung" häufig überhaupt nicht andeutet, was das Original „sagen" will. Deshalb darf man Übersetzungen des Qur'an zwar **lesen**, nicht aber **vorlesen** (rezitieren; was immer mit einer inneren Haltung des Betens einhergehen sollte). Es geht einfach zu viel verloren! So erklärt uns ein (leider anonymer) Autor bei **Wikipedia**:

> Für viele Moslems ist das Wort „Koran" oder „Qur'an" reserviert für die **originale arabische Überlieferung**; eine Übersetzung ist so automatisch nicht mehr der Koran. Eine Übersetzung wird von ihnen als „Erläuterung des Qur'an-Textes" oder „Bedeutung des Koran" bezeichnet.

---

13 Manche Buchstaben (wie das D) haben einen emphatischen „Bruder", der hinten im Rachen gesprochen werden soll und die umliegenden Vokale „verdüstert". Man schreibt sie entweder mit einem Punkt darunter (das mache ich handschriftlich) oder man unterstreicht sie (wenn man auf dem Schreibgerät den Unter-Punkt technisch nicht hinbekommt).

14 Das Wort „Koran" (internationale Schreibweise: **Qur'an**) enthält die Wurzel-Konsonanten **Q-R-*** (das * steht für den Stimmabsatz, s. Modul 1, Seite 88, für den das Arabische einen eigenen Buchstaben hat). Diese Wurzel Q-R-* hat mit VORTRAGEN, REZITIEREN zu tun; **QaRa*a** [QaRa'a] wäre dann die Verbalform: **er hat rezitiert**.

15 Das erste R assimiliert sich wieder aus dem „l" des Artikels (aL), wir erwähnten das bereits, auch R ist also ein Sonnenbuchstabe. Übrigens spricht man den Namen des früheren ägyptischen Präsidenten, der den ersten Schritt in Richtung Frieden mit Israel mit dem Tode bezahlte, nicht al-Sadat, sondern a**S**-**S**a**D**a**T**.

„schlechtes Deutsch"
→ viele
Aha!s

Deshalb plädiere ich dafür, daß wir uns fremden Texten zunächst **wort-wörtlich** nähern. Diese Tendenz, die wir bei vielen Lernenden beobachten können, wird von Sprachlehrern bekämpft, und zwar teilweise mit unglaublicher Vehemenz. Fragen Sie SprachlehrerInnen, was sie gegen das **Herausfinden dessen, was etwas wörtlich heißt**, haben, und Sie hören sofort am **schneidenden Tonfall**, wie IRRATIO-NAL die Gegenargumente sind. Das am häufigsten genannte lautet, es sei „schlechtes Deutsch", was ich (s. Seite 34) bereits zugegeben habe, aber lassen Sie uns darüber noch einmal kurz nachdenken!

Exkurs: Schulisches Sprachenlernen und seine Gefahren[16]

Exkurse sind Abschnitte, die man bei Interesse lesen kann, aber auch überspringen kann.

Wenn man bedenkt, daß bei den meisten „SitzenbleiberInnen" mindestens **ein Sprachfach ausschlaggebend** für die Schmach ist, die manche ihr Leben lang nicht mehr verwinden, dann sollte es doch möglich sein, **Altbekanntes zu hinterfragen**. Schließlich soll all das Gerede über **Menschenrechte** vor allem sicherstellen, daß Menschen **nicht unnötig verletzt** werden, real oder in ihrem Selbstwertgefühl. Wenn man aber auf einer jahrhundertealten Sprachlern-Methode beharrt, die nachweislich weit mehr als der Hälfte aller Betroffenen echte Schwierigkeiten bereitet, dann sollte man noch einmal nachdenken! Warum sprechen wir hier über das Schulsystem, das die meisten LeserInnen dieses Buches bereits verlassen haben dürften? Aus drei Gründen:

Erstens könnten auch Sie früher in der Schule (oder in einem Kurs für erwachsene LernerInnen) durch diese Art von Unterricht zu der falschen Annahme veranlaßt worden sein, es fehle Ihnen wohl an Sprachentalent. Inzwischen haben Tausende von AnwenderInnen meiner Methode nicht nur bestimmte Sprachen gelernt, sondern (viel wichtiger) auch, **daß** an ihrem Sprachentalent **nichts fehlt**. Das ist enorm wichtig, weil in den meisten Fällen ein NICHT-LERNEN-KÖNNEN

---

16 Ich muß das **Kampfbeil in die Arena werfen**, es steht zu viel für zu viele Menschen auf dem Spiel.

mit der **Methode** zu tun hat, nicht mit den Betroffenen! Anders ausgedrückt sind die meisten sogenannten **Lern-Probleme** in Wirklichkeit Lehr-Probleme, was natürlich eine gewisse Menschengruppe nicht wahrhaben will. Dreimal dürfen Sie raten...

Zweitens möchte ich Sie persönlich einladen, sich auf meinen Ansatz einzulassen, weil Sie dadurch faszinierende Einsichten gewinnen — auch in Bezug auf die eigene Sprache. Also, auch wenn man gar keine Fremdsprache lernen möchte, kann ein wenig De-Kodieren (beziehungsweise Studieren von de-kodierten Texten) sehr interessant sein. Und falls Sie feststellen, daß Sie sich zwingen müssen, weil **zunächst die alten Gewohnheiten dominieren**, dann könnten Sie ja versuchen, über Ihren eigenen Schatten zu springen?

Drittens könnten **Sie** betroffene SchülerInnen kennen, die täglich **leiden**, weil man an den Regelschulen von den alten **Folter-Methoden** noch immer nicht ablassen will. Vielleicht möchten Sie mit den Betroffenen zusammen auf **www.birkenbihl-denkt.com** (Stichwort Sprachenlernen) die **8 VIDEO-CLIPS** zum Thema Sprachenlernen **für Schüler** ansehen: **In diesem kostenlosen 50-Minuten-Seminar** erkläre ich jungen Leuten, wie auch sie **mit dem normalen Lehrbuch** an der Lehrkraft vorbei TROTZ SCHULE SPRACHEN LERNEN können. Die letzten drei Clips zeigen (mit 12jährigen), wie es **praktisch** geht, insbesondere wenn man in **kleinen Teams** arbeitet. Es ist möglich:

> **Nie mehr Vokabel-Lernen, nur ca. 50% der Zeit investieren und mindestens um 1 bis 2 Noten besser werden (das sind die Durchschnitts-Ergebnisse nach einigen Wochen).**

Nachdem ich **seit ca. 1970 mit den LehrerInnen kämpfe** (die inzwischen **in den meisten Fächern** und bezüglich **Unterricht im allgemeinen** gut mitziehen), sind es jetzt (Stand 2008) **nur noch die SprachlehrerInnen, die sich mit Händen und Füßen weh-**

VOKA-BELN:

Wie lange noch?

ren. Schließlich würden sie ihre **Machtposition** verlieren, wenn sie die ineffiziente alte Methode aufgäben. **Jede Firma wäre innerhalb kürzester Zeit pleite, wenn sie so viel „Ausschuß" produzieren würde wie staatliche Schulen** – insbesondere im Sprach- und Fremdsprachen-Unterricht. Jede Gruppe würde die Methoden ändern, wenn die Ergebnisse fragwürdig sind, **nur staatliche Schulen dürfen weitermachen** und den Lernenden das Gefühl geben, sie seien wohl selbst schuld! **Wie lange noch???** Antwort: **Solange Eltern, Lernende und Meinungsmacher nichts unternehmen!** Sie könnten jedoch mithelfen, das zu ändern. Wenn immer mehr SchülerInnen heimlich bessere Methoden anwenden und demzufolge bessere Ergebnisse erzielen, dann müssen sie nicht länger Opfer jener Rückwärtsgewandten bleiben! Einer der Hauptstreitpunkte ist jenes **Beharren auf gutem Deutsch, wenn es darum geht, zu begreifen, wie eine FREMDE Sprache die Dinge ausdrückt**. Es führt nicht nur zu **unnötigen** Fehlern (Gefahr schlechter Noten und des Sitzenbleibens), sondern es **behindert** auch das Denken und das **Verstehen**. Wie großartig es ist, Einblick in fremde Sprachen zu erlangen, zeigt Ihnen diese **DVD-Seminar- und Buchreihe**.

WORT-WÖRTLICH bietet unglaubliche Einsichten!

Beispiel: die WADE[17]

Wolf SCHNEIDER erzählt uns (in „Wörter machen Leute") von einem Typen im 17. Jahrhundert, der die deutsche Sprache von allen Fremdwörtern bereinigen wollte. Dabei stellte er z.B. fest, daß „Nase" ein Fremdwort ist. In dem Versuch, es einzudeutschen, schlug er stattdessen „Gesichtserker" vor. Eine fast chinesische Lösung... Stellen wir uns vor, das deutsche Wort „Wade" wäre ein Fremdwort, das wir eindeutschen müssten (in Wirklichkeit ist es seit **1.200 Jahren im deutschen Sprachraum** belegt und beschreibt den Teil, der hinten am Bein zwischen Knie und Fuß liegt). Aber wenn wir die **Wade** „ein-

---

17 Dieses Beispiel stammt aus meinem Reihentitel „Von Null Ahnung zu etwas Chinesisch".

deutschen" müßten und wenn wir dies analog zum „Gesichtserker"
tun wollten, wie könnten wir die Wade dann nennen?

Na, haben Sie erst nachgedacht, ehe Sie weitergelesen haben? Wie
lautet Ihr Vorschlag? Wollen wir nun sehen, wie die chinesische Variante aussieht: BEIN + BAUCH + KIND. Sie ahnen bereits, dass das KIND
hier nicht wörtlich gemeint ist, sondern eine **Form der Verniedli-
chung** darstellt und unserer Nachsilbe „...lein" oder „...chen" entspricht. Also können wir die WADE mit Bein-Bäuchlein „eindeutschen".

Sie sehen also: Wer sich einreden läßt, es gäbe im Chinesischen
mehrsilbige Wörter, lernt lediglich, **daß WADE angeblich aus drei
Silben besteht**. Aber es sind eben nicht drei Silben, sondern **drei
Wörter**, die nach wie vor auch als einzelne Wörter existieren. **Erst
wenn wir diese Konstruktion durchschauen, wird das Lernen zu einer aufregenden Suche nach der wahren Bedeutung.** So gesehen gehören Arabisch, Japanisch und Chinesisch für
mich mit zu den spannendsten Sprachen, die ich bisher kennengelernt
habe! Solche Entdeckungen machen Spaß und können uns **mutter-
sprachliche** Begriffe in einem ganz anderen Licht sehen lassen.

腿 肚 兒

Wichtig beim De-Kodieren sind folgende fünf Spiel-Regeln:

1. **Die De-Kodierung ist eine Krücke, die wir später wegwer-
   fen** – im Gegensatz zum Vokabel-Pauken (Tisch = table), das dazu
   führt, daß man noch Jahre später bei **Tisch** an **table** denkt und
   umgekehrt. Im Klartext: Perverserweise hängen wir durch das Vokabel-Pauken weit mehr an der Übersetzung im Kopf als durch das
   De-Kodieren. Dieses stellt nämlich einen Prozeß des BEGREIFENS dar,
   durch den wir lernen, in der jeweils anderen Sprache zu denken...

2. **Wir de-kodieren nur, was wir im ersten Ansatz (noch) nicht
   verstehen.** Was wir **sofort** kapieren, weil wir es früher irgendwann einmal begriffen haben, können wir sofort in der Zielsprache
   hören oder lesen und müssen es demzufolge nicht de-kodieren.

3. **Wer de-kodiert, muß niemals „aufholen" beziehungs-weise Lücken schließen.** Normalerweise versuchen Nachhilfe-lehrerInnen, die ebenfalls mit der Schulmethode arbeiten, ihre Schützlinge zum „Aufholen" zu bringen, was in Mathematik auch unbedingt notwendig ist. Nicht aber beim Sprachenlernen mit meiner Methode, die das De-Kodieren als **einen** wesentlichen Aspekt nutzt. De-kodieren wir nämlich **alles, was nicht sofort einleuchtet** (s. Regel 2, oben), dann ist es völlig egal, ob etwas nicht einleuchtet, weil wir eine **Lücke** im Schulunterricht haben (da muß ich krank gewesen sein) oder weil uns dieser Begriff tatsächlich noch **niemals untergekommen** ist. Bei meiner Methode ist das gleichgültig. Was wir nicht wissen, wird de-kodiert, basta. Auf diese Weise schließen sich die Lücken wie magisch, denn nach einer Weile kennen wir alle häufig wiederkehrenden Wörter, ohne auch nur eine Vokabel gepaukt zu haben.

4. **Was nicht übersetzbar ist, übernehmen wir im Original.** So gibt es im Arabischen z.B. eine Fragepartikel (hal), die eine Ja-/Nein-Frage einleitet. Da wir für sie keine genaue Entsprechung im Deutschen haben, schreiben wir in die De-Kodierung an dieser Stelle einfach HAL. Beim handschriftlichen De-Kodieren kringle ich solche „Übernahmen" ein, am PC kann man sie durch eine doppelte oder dreifache Klammer (davor und danach) kenzeichnen, so daß man sie im Ausdruck erkennt und dann auf Papier einkringeln kann.

5. **Wir de-kodieren in Sprachen unserer Wahl.** Wer nur eine kennt, kann nur in diese de-kodieren, wer jedoch die Wahl hat, der wähle bewußt! Zwei Beispiele: **Erstens** de-kodiere ich **das Wort „sie"** selten auf Deutsch, denn im Englischen ist weit klarer, was in **diesem konkreten Fall** gemeint ist: SHE, YOU oder THEY! So spare ich mir sperrige Identifikationshinweise wie: „3. Person Singular" u.ä. **Zweitens** de-kodiere ich z.B. die **Fragepartikel** im Arabischen mit ihrem **japanischen** Pendant und die **türkischen** mit den entsprechenden **chinesischen** Frage-Partikeln. **Warum?** Weil ich der Idee, daß es eine Partikel **gibt**, die bei Ja-/Nein-Fra-

gen eingesetzt wird, **zuerst im Japanischen** begegnete. Kurz darauf stellte ich fest, daß auch das **Arabische** so ein Prinzip kennt, also **de-kodierte** ich mit der japanischen (weil bereits BE-KANNTEN) Variante. Später lernte ich, daß auch das **Chinesische** so eine Partikel kennt, und nun machte es mir Spaß, das **japanische KA** unter das **chinesische MA** zu setzen. Als ich dann feststellte, daß es eine vergleichbare Partikel im **Türkischen** gibt, wo sie (oft) **MI** heißt, machte es mir Freude, diese mit ihrem chinesischen Cousin (ma) zu de-kodieren. Im Klartext: **Es darf ruhig Spaß machen.** De-kodieren wir hingegen für **andere** (z.B. für SchülerInnen, Nachhilfe-Klienten etc., um **ihnen** zu helfen), dann müssen wir von dem ausgehen, was sie kennen. De-Kodierungen, die jedoch **nur für uns selbst gedacht** sind, können für Fremde total unverständlich sein. Hauptsache es macht Spaß und hilft uns, die neue Sprache zu erforschen und zu begreifen!

Das folgende Beispiel stammt aus meinen eigenen handschriftlichen Kladden und zeigt Ihnen MEINE Art zu de-kodieren. Sie enthalten hier und da **Unverständliches**[18], denn ich möchte Ihnen ein ECHTES Beispiel zeigen, im Gegensatz zur Demo-Lektion (ab Seite 99), bei der ich davon ausgehe, daß **andere** Menschen sie nutzen möchten. Da kann ich mir dann solche „Scherze" nicht leisten...

---

18 Da ich WaLaD zuerst in einem amerikanischen Lehrbuch kennengelernt habe, taucht in De-Kodierungen häufiger das englische „boy" als das deutsche „Junge" auf.

Vater	Feder		BOY	ein	kleiner	ein	from
d. Indern			d. ROTen		mitgenommen		THIS
d. BOY			Hund 2		from		(d) HUND en

Es folgt ein Beitrag aus der WANDZEITUNG (www.birken-bihl.de), ein Kommentar zum Thema **De-Kodieren mit praktischen Tips**:

Hallo Frau Birkenbihl,
nach dem Seminar „Von Null Ahnung zu etwas Türkisch" war ich wieder voll motiviert, weiter zu lernen. Jetzt bin ich ein Mensch, der viel über **Schreiben** lernt. In der Vergangenheit hab ich also meinen Spanisch-Text de-kodiert und bin dann gleich zum passiven Hören gegangen. Nun hatte ich eine neue Idee, die mir sehr viel EIN-sicht verschafft hat. Ich habe den Text erst einmal abgeschrieben (mit der Hand), mit genügend Abstand zwischen den Zeilen. Dann hab ich eine Overhead-Folie darübergelegt. Nun habe ich auf der Folie de-kodiert, dann nur die Folie kopiert — voilà, so hatte ich eine De-Kodierung ohne den Originaltext, also zum Rück-De-kodieren. Dann die Folie abwischen und nochmals de-kodieren. Dies kann man beliebig oft tun, und der Originaltext bleibt jungfräulich. **vfb:** Ich habe mit Folie-Abwischen schlechte Erfahrungen gemacht. Entweder Sie benutzen wasserlösliche Stifte, dann verwischen diese

andauernd, oder Sie benutzen Permanent-Stifte, dann ist es nicht möglich, sie abzuwischen. Ich kaufe stattdessen lieber sehr dünnes Papier (Durchschlagpapier aus früheren Zeiten) und de-kodiere so oft ich will. Oder ich mache eine schnelle Fax-Kopie auf Normalpapier. Solche Kopien sind de facto „Formulare", die man immer wieder ausdrucken und vollschreiben kann...

Beim ersten Mal musste ich 25 Wörter nachschauen. Am Tag darauf nur noch 8, am Tag darauf nur noch 2. Jetzt kann ich den Text, juhu. Jetzt kann ich den Text wirklich schon vor den Hör-Übungen!!! **vfb:** Ich selbst de-kodiere auch **mehrmals**, ehe ich zu HÖREN beginne. Leider glauben die meisten Leute, dies sei zu viel Arbeit, so daß sie lieber gleich zum Hören übergehen. **Aber langfristig spart man später umso mehr Zeit,** je mehr man in den Anfang investiert hat. Das gilt für das Sprachenlernen insgesamt (**pro Sprache**), aber auch **pro Lektion** (oder Lerneinheit), mit der ich neu anfange. Das ist wie bei Musik: Je langsamer ich ein **neues** Stück (Klassik) angehe, desto leichter tue ich mich später...

Bislang hab ich mich nicht sooooo intensiv mit dem reinen Akt des De-kodierens beschäftigt, wiewohl ich mir schon bewusst war, dass dort viel im Hirn passiert.
vfb: Es ist **der wichtigste Schritt**, wenn man es selbst macht. Und so spannend!

Ganz liebe Grüße aus Untermeitingen
Barbara Marquardt[19]

---

19 Frau Marquardt aus Augsburg arbeitet seit Jahren mit Schülern, die, seit sie zu de-kodieren begonnen haben, mit Freude weit bessere Noten schreiben. In meinem kostenlosen 50-Minuten Video-Seminar im Internet (s. Seite 27) sehen Sie am Ende SchülerInnen von Frau Marquardt. Nachfolgend sehen Sie Frau Marquardt selbst, wie sie das System einer Gruppe neuer SchülerInnen erklärt.

KAPITEL 5: Welches Arabisch?

Man streitet häufig darüber, ob die diversen arabischen Varianten eigenständige **Sprachen** oder **Dialekte** sind. Ich bin auf der Seite derjenigen, die sagen: Wenn die Leute einander **nicht** verstehen, dann sind es unterschiedliche **Sprachen**, z.B. das **Schweizerdeutsch im Hinterland**, während wir das „deutsche" Deutsch der Schweizer recht gut verstehen. **Ähnlich ist es bei Arabisch.** Teilweise sind die Wörter, die in konkreten Situationen verwendet werden, **ähnlich**, teilweise aber ganz anders; wir kommen gleich darauf zurück.

Was meinen wir mit HOCHARABISCH?

Mit HOCHARABISCH meinen wir den einstigen Regional-Dialekt von Mekka, der Muttersprache des Propheten MOHAMMED. Weil die Aussage, diese Worte seien heilig und dürften nicht geändert werden, Teil seiner **Offenbarung** war, wurde auch die Sprache, in der er die Worte aufschrieb, „heilig" beziehungsweise „festgeschrieben". Wir kennen ähnliche Prozesse aus anderen Ländern. In Deutschland z.B. wurde die LUTHER-ische Version des damaligen Fränkisch durch seine Bibel-Übersetzung ebenfalls im Lauf der Zeit zur Hochsprache, während Fränkisch heute kaum noch als Grundlage unseres „Schriftdeutsch" zu erkennen ist. Daran sehen wir, wie schnell regionale Sprachen sich verändern und wie stabil Schriftsprache sein kann. Im Falle unserer Bibel stabilisierte Luthers Übersetzung die deutsche Schriftsprache fast ein halbes Jahrtausend lang (es gibt inzwischen neuere Übersetzungen, z.B. von BUBER), während sich die Schriftsprache des Arabischen durch den Qur'an seit fast 1.400 Jahren nicht verändert hat (vgl. auch BONUS-MATERIAL, Seite 103ff.)

Interessanterweise leben Muselmanen nicht nach unserer Zeitrechnung, denn erstens ist ihr Jahr Null das Jahr 622. Das war das Jahr, als der Prophet Muhammad aus Mekka auswanderte, woran mit der sogenannten **Hidschra** (Pilgerreise nach Mekka) einmal im Jahr erinnert wird. Zweitens benutzen sie einen **Mondkalender**, so daß die

Im angel-sächsischen Sprach-raum war es die sog. „KING JAMES' VERSION" (Bibel)

einzelnen Jahre 11 Tage kürzer als unsere sind und demzufolge nicht 1:1 **umgerechnet werden können**.

HOCHARABISCH oder Dialekt?

Wer mit **Hocharabisch** beginnt, begreift schnell, welche **Endungen** die Dialekte **weglassen**, begreift aber auch, wie das, was übrigbleibt, „funktioniert". Bitte bedenken Sie, daß die meisten Bewohner der arabischen Welt mit Hocharabisch in Kontakt kommen und demzufolge ebenfalls ergänzen können, was weggelassen wurde. Entweder weil sie den Qur'an regelmäßig hören/lesen oder aufgrund ihrer Schulbildung (bei Besuch von Mittel- oder Oberschule). Also verstehen sie sehr wohl, was im Dialekt „passiert", wenn auch dieses Verstehen in der Regel unbewußt ablaufen dürfte. Hat man jedoch **keine** Ahnung (weil man **ausschließlich** Dialekt lernt), dann erscheint einem gerade die angeblich „einfachere" Grammatik völlig unsinnig und „verquer", weil einem der Hintergrund fehlt, den die Autoren solcher Dialekt-Kurse besitzen! Im Deutschen ist das vergleichbar mit Dialekten, die das „Schluß-N" weglassen. Weiß ich, daß es „gehen" heißen müßte, wenn ich „gehe" höre, werde ich **nicht** verwirrt. Weiß ich aber nicht, daß ein „n" fehlt, scheint mir dieses „gehe" identisch mit der Form „(ich) gehe". Und das verwirrt natürlich, weil die Formen von ich und wir identisch zu sein scheinen, wenn ich **nicht** ergänzen kann. Bei einer Sprache wie der arabischen, bei der man die **Personalpronomen** fast immer wegläßt (weil sie in der Verbform enthalten sind), wird dies besonders wichtig.[20]

Wir wollen vergleichen:

1. Gibt es...? – Ja, es gibt./Nein, es gibt nicht.

2. Wo (ist)? Das sogenannte Hilfsverb „sein" wird in vielen Sprachen NICHT verwendet (wir kommen im nächsten Kapitel darauf zurück).

So ist z.B. das heutige Datum (Donnerstag, 03.01.08) laut einer Website (www.islam.de) der 24. Dhul-Hijjah anno 1428.

Sprache oder Dialekt?

---

20 Genaugenommen gehört im Deutschen dieses Personalpronomen (ich, wir etc.) zur REDUNDANZ, das heißt zum unnötig Hinzugefügten, wie wir hier sehen, da die Verbform (gehst, geht, gehen) schon ziemlich genau anzeigt, wer gerade handelt. Im Deutschen moppeln wir gern doppelt, was der Araber eben nicht mag.

Wo
ist…?

Bei einer sogenannten **guten Übersetzung** gehen diese Feinheiten verloren. Dann wird immer übersetzt **„Wo ist…?"**, auch wenn es in der Zielsprache gar kein Wort für „ist" („bin", „sind" etc.) gibt. Dies führt später dazu, daß die Betroffenen möglicherweise verzweifelt das Wort für „sein" suchen, weil sie nie wirklich registriert haben, **daß es gar keines gibt**. Und ich darf darauf hinweisen, daß eine kleine Fußnote in der Lektion NICHT ausreicht.

Es folgt eine kleine Tabelle mit sechs verschiedenen Dialekten im Vergleich zur Hochsprache (letzte Zeile), damit Sie sehen, wie groß die Unterschiede bereits bei ganz einfachen Phrasen sein können. Sie zeigt dieselbe Info in mehreren arabischen Sprach-Varianten, und zwar **nur in UMSCHRIFT**. Erstens, weil Dialekte normalerweise **nicht geschrieben** werden (Ausnahme: mundartliche Theaterstücke und Comics)[21], und zweitens, weil wir nur vergleichen wollen, worin die Unterschiede liegen. Und das fällt Ihnen mit lateinischen Buchstaben leichter als in einer fremden Schrift (die überdies in die für Sie falsche Richtung läuft; s. Modul 1, Seite 74ff.).

Land	Antworten			
	GIBT ES?	1. Ja, es gibt.	2. Nein, es gibt nicht.	Wo?
Tunesien	fammaa-shi?[22]	1. yen'am, famma.	2. laa, ma famma-sh.	feen?
Marokko	kaayen-shi…?	1. na'am, temmaa.	2. laa, maa temma-shi.	feyn?
Golfstaaten	fii baas?	1. na'am, fii.	2. laa, maa fii.	ween?
Palästinensisch	fii baas?	1. ee, fii.	2. laa, ma fii.	ween?
Sudan	fii baas?	1. aay, fii.	2. laa, maa fii.	wehn?[23]
Jemen	fih…?	1. aiwa, fih.	2. laa, maa fih-sh.	'ain?
HOCHARABISCH	YuJuuD …?	1. na'am, yuJuud…	2. laa, laa yuJuud…	'ayna?

---

21 Deshalb sind Comics in den meisten Sprachen KEIN guter Einstieg und keinesfalls „leicht", wie man fälschlicherweise annehmen könnte. Sie enthalten jede Menge „umgangssprachliches Zeug", das KINDERN in jenen Ländern zwar bekannt ist, nicht aber dem Fremden, der die Sprache lernen möchte. Er findet diese Begriffe in der Regel auch in kaum einem Wörterbuch…

22 Das Arabische kennt keine Groß- und Kleinschrift, daher schreibe ich die Lautschrift KLEIN.

23 Jedes „h" wird gesprochen, es gibt kein deutsches „Dehnungs-h"! Das gilt auch für die nächste Zeile!

KAPITEL 6: Ein wenig Sprachlehre

Zwei Vorbemerkungen:

Sie wissen ja, daß man die KAPITEL in meinen Büchern **der Reihe nach** lesen sollte (s. „HIER GEHT'S LOS", Seite 15), während man die MODULE in jeder gewünschten Reihenfolge (modular) lesen kann. Sollten Sie Kapitel 1 bis 5 noch nicht gelesen haben, weil Sie sich besonders für die arabische Sprachlehre interessieren, dann werden Sie im folgenden manches vielleicht nicht verstehen. Also ab jetzt gehen wir davon aus, daß Sie mindestens Kapitel 1 bis 3 kennen...

Es kann (bei „Von Null Ahnung zu etwas Arabisch") nicht unsere Zielstellung sein, uns die gesamte arabische Sprachlehre (inklusive Syntax) vorzunehmen. Daher möchte ich mich vor allem auf diejenigen Aspekte beschränken, die andere Autoren meines Erachtens nicht gut beziehungsweise sogar regelrecht falsch erläutern, während ich Aspekte, welche die meisten Kurse gut vorstellen, nicht auch noch erklären muß, denn die interessieren ja nur jene, die tatsächlich tiefer einsteigen (= lernen) wollen.

Wessen Grammatik bitte?

Normalerweise beginnen wir mit **Wort-Kategorien** wie **SUBSTANTIVE** (Hauptwörter), **VERBEN** (Tätigkeitswörter), **ADJEKTIVE** (Eigenschaftswörter), **ADVERBIEN** und **ADVERBIALIEN** (Umstandswörter), **PARTIKELN** (unveränderliche „kleine" Wörter, oft nicht direkt übersetzbar) etc. Normalerweise gilt: Wenn wir über einen Aspekt der Sprache nachdenken, wählen wir eine dieser Kategorien aus, um von dort aus weiterzudenken, z.B. um eine Kategorie (VERB) ins Partizip zu versetzen u.ä. Bei VERBEN beginnen wir in unseren vertrauten **indo-europäischen Sprachen** in der Regel mit dem sogenannten **INFINITIV**, das ist die **Grundform** des Verbums (z.B. **essen, gehen, schreiben** etc.). Diesen INFINITIV gewinnen wir im Deutschen, indem wir dem Stamm (**ess..., geh..., schreib...**) eine Endung (**-en**) anfügen. Im Französischen fügen wir dem Stamm ein „er" (mang**er**,

Wort-
Kate-
gorien

all**er**) beziehungsweise ein „**-re**" an (ecri**re**). Im Englischen stellen wir dem Verbum das Wörtchen (**to**) voran (**to** eat, **to** go, **to** write) etc. Jetzt können wir uns beispielsweise fragen, wie wir gewisse Aspekte (Person, Zahl, Fall) in den jeweiligen Sprachen ausdrücken etc.

Aber manchmal funktionieren unsere **eingespielten Mechanismen nicht**. Zwar würden Grammatiker uns gern erklären, wie der Infinitiv im Arabischen gebildet wird, aber dummerweise **gibt es keinen**. Die arabische Sprache „funktioniert" ganz anders, als wir es gewohnt sind. Leider jedoch neigen viele Lehrkräfte und LehrbuchautorInnen (meist Fremdsprachen-LehrerInnen) dazu, uns die Welt so zu erklären, wie es FÜR SIE am bequemsten ist (vgl. BONUS-MATERIAL in diesem Buch, ab Seite 103). Aber semitisch-hamitische Sprachen (u.a. Hebräisch und Arabisch) gehören einer **anderen Sprachfamilie** an. Das ist so, als wollten Sie **Stadtbewohnern** den **Regenwald** mit den bekannten Elementen des Stadtlebens erklären. Sie sprechen von „Straßen" (Trampelpfade, die kurz danach wieder zuwachsen), „Plätzen" (Lichtungen, die ihr Aussehen ständig verändern) und ähnlichem. Wiewohl es in den ersten Stunden für unsere Städter einfacher erscheinen mag, in gewohnten Kategorien zu denken, führt es später dazu, daß sie den Regenwald niemals begreifen, weil man ihnen bereits die Augen für das AUFREGEND ANDERE verschlossen hat. Wenn sie vom ersten Tag an begreifen würden, daß es mehrere **Zonen** gibt, in denen Leben stattfindet (z.B. in den Baumkronen), oder daß die Stämme großer Pflanzen (z.B. Bäume) in ähnlicher Weise „bewachsen" sind wie bei uns im Stadtgarten der BODEN, während oberhalb des Bodens jene Fäulnisprozesse stattfinden, die bei uns unter der Erde passieren, dann würden unsere Stadtbewohner den Regenwald mit ganz anderen Augen sehen und das WESEN-tliche erkennen lernen. Ob sie später den Regenwald oder die Stadt vorziehen, können sie nur beurteilen, wenn sie **beides** kennengelernt haben und die **Unterschiede** goutieren können.

Die meisten Arabisch- und Hebräisch-Lehrbücher sind voller europäischer Grammatik-Begriffe, ja sie behaupten sogar, die Form

Arabisch „funktioniert" gaaaanz anders

„KaTaBa" stünde für „schreiben", wiewohl das überhaupt nicht stimmt (s. Kapitel 3, Seite 43)! Neuerdings geben manche Bücher auf einigen wenigen Seiten (meist ganz hinten) verstohlen zu, daß dies genaugenomen nicht stimmt, während sie im gesamten übrigen Text des Sprachkurses trotzdem auf solchen Bezeichnungen beharren. Das ist so, als würden wir ständig von HASE sprechen, wiewohl wir an einer Stelle zugeben, daß es sich um einen falschen Hasen handelt, einfach weil es FÜR JENE AUTOREN leichter ist. Hakt man nach, so behaupten diese gern, sie wollten es den Lernenden leichter machen, aber ich behaupte, daß LernerInnen sich weit leichter tun, wenn wir ihnen vom ersten Tag an sagen: **Achtung, Sie nähern sich einer Sprache, die NICHT zum bekannten, vertrauten indo-europäischen Sprachraum gehört,** da werden einige Dinge anders gehandhabt; viel Spaß beim Entdecken der Unterschiede!

Zwar mag man manchmal (z.B. bei der Schrift) vom Gewohnten ausgehen und gewisse **Eselsbrücken** bauen, weil man weiß, daß der Lernende sie in kürzester Zeit nicht mehr benötigen wird, wenn die neuen Buchstaben nicht mehr so fremd aussehen. Ganz anders verhält es sich jedoch bei grundlegenden **Erklärungen** (zur Grammatik). Die ersten Erläuterungen bilden eine Art von **Gerüst**, in das man später alles Weitere einhängen möchte, und das wird zunehmend schwerer, je weiter man fortschreitet, wenn das erste Gerüst falsch aufgebaut wurde.

Bei diesem Thema werden FremdsprachenlehrerInnen oft böse und behaupten, ich würde die Lernenden verunsichern, wenn ich sie der Kategorien (z.B. Infinitiv) beraube. Aber ich behaupte das Gegenteil genauso vehement:

Ja, es gibt LernerInnen, die Grammatik lieben, aber das sind weniger als 15% **aller** LernerInnen und weniger als 3% all jener, die **gezwungen** werden, eine Sprache zu lernen (z.B. in der Schule). Wenn jemand Grammatik COOL findet, findet er Abweichungen bei FREMDEN Sprachen spannend, also werden wir ihn eher faszinieren als verunsichern!

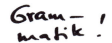

*(Achtung:
alte
Schreib-
weise!)

Für jene, denen Grammatik ein Greuel*ist, ist die „alte" und falsche Grammatik schon deshalb keine Hilfe, weil sie mit ihr ja weder vertraut sind noch einen positiven Zugang zu ihr haben. Und wie kann ich jemandem helfen, wenn ihm etwas **angeblich Bekanntes** nicht wirklich bekannt ist?

Ich veranstalte regelmäßig kleine Grammatik-Experimente in Management-Seminaren (also bei Leuten, denen das alles theoretisch vertraut sein sollte) und ernte regelmäßig peinlich berührtes LACHEN (statt schneller Antworten). Bitten Sie einmal Ihre Freunde Ihnen den Unterschied zwischen einem Adjektiv und einem Adverb zu erklären oder Ihnen zu sagen, warum wir im Deutschen das Gerundium so selten verwenden (im Vergleich zum Englischen). Wohlgemerkt: Niemand muß diese Dinge können. Ich will damit nur aufzeigen, daß Autoren von Sprachwerken, die behaupten, Neues an Bekanntem aufhängen zu wollen, Unsinn reden, da ihre grammatikalischen Kategorien den meisten Mitmenschen relativ unbekannt und auch egal sind.

Also sollten wir aufhören, den Regenwald in geistigen Konzepten aus der Metropole erklären zu wollen, indem wir auf die aufregenden NEUEN Aspekte hinweisen, die uns hier und NUR HIER begegnen. So beginnen semitisch-hamitische Sprachen genaugenommen **nicht beim WORT als kleinstem Modul** (das aus Buchstaben oder Silben zusammengesetzt wurde[24]), sondern bei einer **Vorstufe**, die wir als **WURZELWORT** oder besser **WRZLWRT** bezeichnen können.

Sie haben diese Form im SPRACHSPIEL 2 (Kapitel 2) und der entsprechenden Erläuterung (Kapitel 3) kennengelernt.

Dieses **WRZLWRT** enthält die **SINN-WURZEL**, ist aber **nicht aussprechbar**, weil die (kurzen) Vokale fehlen. So wissen wir inzwischen (aus Kapitel 3), daß **K-T-B** für (im weitesten Sinne) „mit **SCHREIBEN** zu tun habend" steht. Da man dies aber nicht aussprechen kann,

---

24 Wir verzichten hier bewußt auf **ikonographische Schreibweisen** (wie Chinesisch), weil es bei derartigen Sprachen sowieso keine Grundformen (Infinitiv etc.) geben kann, da die Schriftzeichen IDEEN und keine „Infinitive", „Adjektive" etc. transportieren. Deshalb ist die Grammatik bei sogenannten isolierenden Sprachen (wie Chinesisch, Vietnamesisch etc.) ja auch so viel einfacher als bei indo-europäischen beziehungsweise semitisch-hamitischen Sprachen.

wählt man die **3. Person Singular** (er hat es getan: **er schrieb**), denn sie ist leicht **auszusprechen**: **KaTaBa**.

Die beiden Sprachspiele zeigen Ihnen außerdem, daß es sehr wohl möglich ist, vom VERTRAUTEN zum FREMDEN zu gehen, ohne die Lernenden mit falschen Beschreibungen zu verunsichern. Sie haben (wenn Sie aktiv mitgespielt haben, was jedoch nachholbar ist) gesehen, daß wir mit deutschen Wörtern begannen (TÄTER, MACHER, SCHÜLER), die wir dann gemäß den Regeln, wie man im Arabischen Wörter „baut", **verformt** haben. Es macht Spaß, **Vertrautes zu verfremden**. Gleichzeitig lassen sich die Regeln dieser Ver-FORM-ungen viel leichter nachvollziehen, wenn wir mit **vertrauten Wörtern** beginnen. Anhand dieser Wörter konnte ich Ihnen fast nebenbei aufzeigen, daß CH und SCH im Arabischen je EIN Buchstabe ist, weshalb M-CH-R als 3 Konsonanten gezählt wird — wie auch SCH-L-R. So konnten Sie **wichtige Details des Schreibens beiläufig „mitnehmen"**, während Sie das WESEN-tliche des „Regenwaldes" spielerisch kennengelernt haben: Es gibt **keine Grund-WÖRTER** (Substantive, Verben etc.), es gibt **WURZELN**, aus denen **wir selbst** die Basis-Wörter „bauen" (beziehungsweise „herausziehen"). Wenn Sie diese WESEN-tliche Einsicht einmal intus haben (und das gelingt am besten, indem Sie die Sprachspiele in Kapitel 1 und 2 mehrmals aktiv SPIELEN und erst dann das Kapitel 3 lesen), dann verstehen Sie folgende drei Bemerkungen zur Sprachlehre besser als die meisten Menschen, die seit mindestens einem Jahr Arabisch-Unterricht hatten, wetten?

1. **Lernen Sie wahrzunehmen, was tatsächlich „passiert".** Dabei hilft Ihnen der Vorgang des **De-Kodierens** beziehungsweise des Studierens von de-kodierten Beispielen (ab Seite 99). Für alle, die mit dem ASSIMIL-Kurs Arabisch lernen, habe ich die ersten 6 Lektionen in Birkenbihl-Methoden-Manier de-kodiert, um ihnen den Einstieg zu erleichtern (Anfragen bitte per E-Mail an birkenbihl@birkenbihl.de).

2. **Suchen Sie nicht nach bekannten Kategorien (Straßen, Plätzen), sondern lassen Sie sich auf das ein, was Sie**

tatsächlich finden. Das ist viel spannender und macht weit mehr (Ent-DECK-ungs-)**FREUDE**! Seien Sie AbenteurerIn des Geistes, spielen Sie ForscherIn, finden Sie Dinge HERAUS...

3. **Offiziell unterscheiden arabische Grammatiker nur drei Wortgruppen: Substantive** (Hauptwörter), **Verben** (Tätigkeits-wörter) und **Partikel** (das sind kleine, **unveränderbare** und oft-mals unübersetzbare Wörter).[25] Wenn Sie immer im Kopf behal-ten, daß die meisten **Substantive** (Hauptwörter) und **Verben** (Tätigkeitswörter) vom **Wurzelwort** „deriviert" (abgeleitet) wer-den (im Gegensatz zu den „kleinen" Wörtern – sogenannte **Par-tikel** –, die **nicht hergeleitet sind**), dann wird es Ihnen leicht-fallen, die arabische „DENKE" zu verstehen.

Beispiel: Es ist für Araber schwer nachzuvollziehen, warum es in unse-ren Sprachen zu **einem** einzigen **THEMA** zahlreiche **Wörter** mit vie-len **unterschiedlichen Wort-WURZELN** gibt.

Ein kleines **ABC**[26] zum THEMA **Schrei-ben**, das ich bei einer Übung **inner-halb einer Minute** angelegt hatte (wo-bei wir „leere" Buch-staben auslassen können):

Bei „S" sehen wir ein wenig von dem, was der Araber erwarten würde.

Aufsatz, Artikel, Autor
Büro, Buch
Füller, Filzstift
Handschrift
Kugelschreiber
Manuskript
PC (Computer aller Arten, also auch Portable, modernes Handy etc.)
Ringbuch, Rollerball-Stift
Schreiber, Schriftsteller, Schriftstück, Schreibtisch
Tinte, Textverarbeitung
Zitat

25 Beim **De-Kodieren** übernehmen wir sie einfach (s. Kapitel 4 und Modul 2), indem wir sie in die wort-wörtliche Übersetzung hineinschreiben.

26 Stichworte in eine leere ABC-Liste eintragen (indem wir mit den Augen „rauf und runter" wandern und überall dort etwas hinschreiben, wo uns etwas einfällt). Dies ist eines der vielen DENK-TOOLS, die Sie im Weblog www.birkenbihl-denkt.com finden. Es geht um Werkzeuge, die das Denken, Lernen und Lehren (Vortragen/Rhetorik) optimieren...

Nun wird ein **Denk-ABC** (schon von ARISTOTELES) als hervorragendes Denk-Tool gelobt, aber dies gilt eben für **Buchstabenschriften**. Man könnte sogar für **Silbenschriften** eine Art Silben-„ABC" entwickeln, nicht aber für Schriften, die mit **Piktogrammen** arbeiten, oder für Schriften, deren Grundlage **Wort-WURZELN** sind (wie Hebräisch oder Arabisch)! Der Araber sortiert Ideen nämlich **nach WURZELN** und **innerhalb** der Wurzel nach **ABLEITUNGEN** (erst jetzt wird es alphabetisch), also sähe seine Erst-Assoziationsliste zum Thema SCHREIBEN (**K-T-B**) eher wie folgt aus:

- **TÄTER = KaaTiB**: Autor, Schreiber, Schriftsteller
- **PRODUKT = KiTaaB** (das Ge-SCHRIEB-ene): Aufsatz, Artikel, Buch, Manuskript, Schriftstück
- **ORT des Geschehens = maKTaB**: Büro, Schreibtisch, Ringbuch
- **INSTRUMENTE = miKTaB**: Füller, Filzstift, Kugelschreiber, PC (Portabler), Rollerball-Stift, Tinte, Textverarbeitung
- **Sonstige:** Handschrift, Zitat (wobei man „Zitat" auch unter Produkt – **KiTaaB** – einordnen könnte...)

Da es theoretisch pro Wort-Wurzel **13 Ableitungen** gibt, werden bei fast jedem THEMA **einige nicht funktionieren** (wie in Kapitel 3 aufgezeigt, s. Seite 40). Deshalb beharren manche Autoren darauf, daß man besser doch gleich **Vokabeln** (= Ableitungen, die sie uns präsentieren) **auswendig pauken** sollte. Ich aber behaupte:

Meist lassen sich einige FORMen ableiten, die funktionieren.

Die am häufigsten auftauchenden habe ich Ihnen in den beiden Sprachspielen bereits vorgestellt. Wenn Sie prinzipiell **de-kodieren**, gewinnen Sie langsam ein **Sprachgefühl** – sowohl für seltenere Formen als auch für jene (kleinen) Worte, die **nicht** hergeleitet sind. Selbst wenn Sie nur einen Teil der Wörter **eindeutig ableiten** können, haben Sie bereits viel gewonnen, indem Sie den Versuch machen. Sie sehen es am Ergebnis des kleinen Experiments: So konnte ich die **Mehrzahl** aller spontan aufgetauchten Begriffe einer 60-Sekunden-

KA-
TE-
GO-
RIEN

ABC-Liste in die **Haupt-Kategorien** einsortieren und Ihnen mit dem Ergebnis einen WESEN-tlichen Unterschied im Denken (beziehungsweise bei der Ideensuche) aufzeigen: Versuche von Elisabeth LOFTUS (beschrieben bei SCHACTER, s. Literaturverzeichnis) haben gezeigt, daß **Wörter** in **unserem** Gehirn „am Anfangsbuchstaben aufgehängt" sind. Das ist einer der Gründe, warum ABC-Listen sich als ein so ein großartiges Denk-Tool entpuppt haben. Und deshalb fallen uns Begriffe schneller ein, wenn wir den **Anfangsbuchstaben** kennen, als wenn man uns Buchstaben aus der Mitte oder vom Ende mitteilt. Dies sehen wir beim **Kreuzworträtseln** sehr gut: Ist der Anfangsbuchstabe bekannt, finden wir eher ein **Lösungswort** (wenn wir eines KENNEN). Ebenso geht es uns mit „fehlenden" **Namen**: Kennen wir den Anfangsbuchstaben, fällt er uns oft plötzlich doch noch ein... Was Frau LOFTUS sicher nicht bedacht hat, ist, daß ihre Ergebnisse (wie mir Jahre später erst klar wurde) **nicht** für SprecherInnen **isolierter Sprachen** (wie Chinesisch, Vietnamesisch etc.) oder SprecherInnen **semitisch-hamitischer Sprachen** gelten, da **arabische** (oder hebräische) Wörter aus **WURZELWÖRTERN** hergeleitet werden.

Diese (Wort-Wurzeln) sind zwar in den Wörterbüchern ALPHABETISCH aufgeführt, aber **man sucht** eben **nicht fertige Wörter**, sondern **Wurzeln, wenn man kreativ denkt**, weil das **Wurzelwort** die **kleinste Einheit ist, die Sinn ergibt**. Das ist in indo-europäischen Sprachen hingegen ein **fertiges Wort**.

vgl.:
BAU-
MARKT
(für Wör-
ter!)

Es ist ein wenig wie im **Baumarkt**. Wer die **Spielregeln** kennt, kann viele Wörter selbst „basteln". Und auch wenn man dabei eine Kombination „zusammenschraubt", die man im allgemeinen nicht nutzt, würden einen die Einheimischen doch verstehen, weil jede/r AraberIn weiß, was wir **meinen**. So ähnlich reagieren wir, wenn ein Kind (oder ein/e AusländerIn) „Sie schwimmte" sagt; auch wir wissen sofort, was gemeint ist. Außerdem können wir arabischen Wörtern sehr viel **ansehen**, wenn wir die Regeln kennen, z.B. daß dieses Wort **wie ein** Adjektiv (bei uns) gebraucht wird, wenn es **vorne ein kurzes a und hinten ein langes ii** hat (wie in KaBiiR, SaGHiiR etc.).

Ein zweiter Blick zeigt Ihnen die **Konsonanten (K-B-R** und **S-GH-R**[27]), und schon können Sie die **Grundbedeutung** herausfinden:

- **K-B-R** hat (wie in Kapitel 3 erläutert) bei **Lebewesen** die Bedeutung von „alt", bei nicht-lebenden Dingen die Bedeutung von „groß" (da Lebewesen, wenn sie größer werden, in der Regel auch älter werden).

- **S-GH-R** = klein

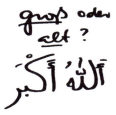

Interessanterweise wird Gott (Allah) NICHT als Lebewesen in unserem **pflanzlich-tierisch-menschlichen Sinne** eingestuft, denn **Allahu aKBaR** (höchste Form der Steigerung) bedeutet „Allah ist **der Größte**" (nicht etwa der Älteste)! Man übersetzt diese oft gehörte Redewendung übrigens gern mit „Allah ist groß", aber das wäre genaugenommen **Allahu KaBiiR**, nicht **Allahu aKBar**! Wer einmal weiß, daß die Form **XaXiiX (KaBiiR)** die erste und einfachste Zuweisung einer **Eigenschaft** darstellt, während **aXXaX (aKBaR)** die Form der höchsten Steigerung ist, versteht, daß Allahu **aKBaR** niemals heißen kann „Gott ist GROSS".

Einsichten wie diese bekommt man durch Vobabel-Pauken entweder niemals oder erst nach langer Zeit, während sie uns, wenn wir das WESEN-tliche begriffen haben, geradezu **in den Schoß fallen**. So erkannte ich eines Tages, daß **Allahu aKBar** so gut wie immer falsch wiedergegeben wird, als mir klar wurde, **wie das Ableiten funktioniert**. Plötzlich saß ich da und dachte: Das ist doch spannend. Warum wird **Allahu aKBar** so häufig mit „**Gott ist groß**" übersetzt? Es fiel mir wie Schuppen von den Augen. Solche Einsichten sind nicht nur faszinierend, sie werden auch NIEMALS WIEDER VERGESSEN!

Ich tat mich allerdings ursprünglich sehr schwer, da ich zunächst einigen Sprachkursen aufgesessen war, die krampfhaft versuchten, die Regenwald-Grammatik als indo-europäische Metropolen-Grammatik

---

27 Mit GH schreiben wir einen Buchstaben, der zwischen R und G liegt (ähnlich dem norddeutschen G in „Wagen", das für einen Süddeutschen fast wie „WaRen" klingt).

zu deuten. Ich erfuhr mindestens drei Jahre lang überhaupt nicht, daß es Wurzelwörter gibt. Alle Kurse präsentierten lange Vokabel-Listen, die man vorab zu lernen hatte, ehe man sich in Demutshaltung dem Lektionstext näherte! Durch De-Kodieren konnte ich zwar das Vokabel-Pauken vermeiden, aber es dauerte doch lange, ehe mir dämmerte, wie viele **Ableitungen** es in einigen Fällen pro THEMA gibt. Dann begann ich systematisch herumzufragen, und einige Monate später empfahl mir jemand den BROCKELMANN. Das ist **DAS klassische Grammatikbuch für Arabisch im Deutschen**, aber für SelbstlernerInnen und/oder Einsteiger nicht wirklich geeignet. **Hier fand ich eine erste Erklärung der Ableitungen,** in einem lange vergriffenen Buch von ZIADEH und WINDER (s. Literaturverzeichnis) fand ich eine **zweite**, beide ohne jede Aussprachehilfe etc. (also für Profis, nicht für Einsteiger). Es ist, als dürfte man diese WESEN-tliche Botschaft erst erhalten, nachdem man bei dem Versuch, **die Metropole im Regenwald zu finden**, völlig verzweifelt ist.

METRO-
POLE
im
Regen-
wald?

Später erfuhr ich, daß viele, die aufhören, Arabisch zu lernen, dies aus zwei Gründen tun: entweder weil sie aufgrund der fehlenden Vokalisierung nie richtig **lesen** lernen konnten (vgl. BONUS-MATERIAL ab Seite 103) oder weil sie meinten, die Grammatik nie zu begreifen. Kein Wunder, wenn man Metropolen-Grammatik im Regenwald sucht.

Es ist weit schwerer, später aus **falschen Denk-Strukturen** auszusteigen. Besser ist es, wenn man gar nicht erst einsteigen muß! Und genau das hoffe ich, Ihnen erspart zu haben beziehungsweise all jenen, die einst eingestiegen und vielleicht wieder ausgestiegen sind, weil sie ab einem gewissen Punkt das Gefühl hatten, es gehe überhaupt nicht mehr voran. Inzwischen wissen Sie, warum. Lernen Sie den Regenwald als solchen wahrzunehmen, und es wird (auch wieder) stetig **vorangehen**!

Weil es so wichtig ist, ein Gefühl für Wort-Wurzeln zu entwickeln, bietet dieses Buch ein weiteres „Bonbon", das Sie auf den richtigen Weg bringen soll, wenn Sie die folgende Technik üben:

WURZEL-WÖRTER sammeln

Lernen Sie, sämtliche wiederholt auftauchenden Wörter auf ihre Wurzel hin zu prüfen. Es ist wichtig, daß Sie **nicht** versuchen, jedes **einmalig** auftauchende Wort zu sammeln. Aber Begriffe, die **mehrfach** auftreten, listen sie in einer **Wort-Wurzel-Liste** auf. Diese führen Sie doppelt:

1. **ALPHABETISCH** nach **Bedeutung** in Ihrer **Muttersprache** (in unserem Beispiel wäre das für viele LeserInnen das Deutsche). Hier legen Sie einen **Wort-SCHATZ** an, der es Ihnen später erlaubt, die **Bedeutungen**, die Sie pro Thema benötigen, **selbst zu basteln**! Wenn Sie diverse Arabisch-Kurse durchblättern, stellen Sie schnell fest, daß Ihnen Derartiges so gut wie nie geboten wird, und wenn doch, dann nur im Sinne der zweiten Liste:

2. **ALPHABETISCH** nach den **arabischen Buchstaben** im **Wurzelwort**. Diese Aufstellung lehrt Sie, **später in echten arabischen Wörterbüchern nachschlagen** zu können. Es sollte aber die **zweite** Aufstellung sein, die Sie **nicht** gleichzeitig mit der ersten beginnen.

Um Ihnen zu beweisen, wie angenehm es ist, zeige ich Ihnen (s. Seite 124ff.) meine erste Wurzelwort-Sammlung, die ich beim De-Kodieren einer Story angelegt habe. Ich nahm sie später immer wieder hervor, wenn mir klarwurde, daß ich einer Wurzel begegnete, die mir vertraut erschien, deren Bedeutung ich aber noch nicht einordnen konnte. Deshalb begann ich (Wochen später), die **zweite** Liste anzulegen.

Es lohnt sich, eine eigene Liste mit den Begriffen zu erstellen, die in den Texten, die Sie „bearbeiten", **tatsächlich** auftauchen, und **diese Liste** dann immer wieder zu KONSULTIEREN. So wird die zu lernende Sprache **aktiv** eingesetzt, nicht nur passiv „konsumiert". Auch die **Muttersprache** lernten wir durch **Aktivitäten**, nicht durch passiven Konsum. Deshalb haben Kinder, in deren Familie viel **gesprochen** wird, einen wesentlich größeren Wortschatz. Und sie sprechen eine komplexere Sprache als Kinder, bei denen zu Hause viel ferngesehen oder Radio gehört (= passiv konsumiert) wird.

Ohne SEIN

Wenn wir **de-kodieren**, merken wir sehr schnell, daß es in vielen Sprachen auch ohne „sein" geht (vgl. Seite 58). Im Arabischen verstehen wir z.B. drei typische Weglassungen:

Kein „sein"

Ich in Kairo.
Wir in Rom...

• **In der Gegenwart braucht der korrekte Satz kein „sein".** Dies erscheint uns umso erstaunlicher, je stärker wir von indo-europäischen Sprachen geprägt sind. Aber denken Sie mit: „Ich in Kairo" reicht vollkommen, ähnlich „Der-Mann alt" oder „Der-Lehrer weise" etc. Es ist eine Frage der REDUNDANZ. Indo-europäische Sprachen sind mit die „geschwätzigsten", sie enthalten viele Informationen doppelt und dreifach. Wenn wir sagen „Er im Kino", dann ist das Wörtchen „ist" vollkommen überflüssig; es fügt dem Satz nichts Neues hinzu. Wir benötigen es nur, wenn wir zum Ausdruck bringen wollen, daß wir **nicht** (im Kino) sind oder daß wir (im Kino) **waren**, für beide **Ausnahmen** gibt es arabische Entsprechungen (s.u.).

• **Ähnlich moppeln wir doppelt, wenn wir im Deutschen sagen „Er spricht".** In vielen Sprachen (wie im Französischen oder Arabischen) kann das „er" entfallen, weil die Verb-FORM „spricht" (die Info bereits beinhaltet). Im **Französischen** wissen wir zwar nur, daß ER **oder** SIE spricht („parle"), trotzdem wird das Personalpronomen (**il oder elle**) meist weggelassen, außer man will es besonders betonen, im Sinne von „er, nicht sie", aber dann sagen wir „lui" (statt „il"), das heißt, wir verwenden eine besondere (betonte) Form. Im **Englischen** ist dies nicht möglich, da sich die Endungen im Laufe der Zeit abgeschliffen haben, so daß alle Personen (bis auf eine) identisch sind (I, you, we, you, they **eat**); nur

parle spricht
er/sie

in der 3. Person hängen wir das „s" an (he, she eat**s**)[28]. Im **Arabischen** haben nicht nur **er** und **sie** ihre eigenen FORM-en, schon bei **du** (zu einem Mann beziehungsweise zu einer Frau) unterscheiden sich die Verb-FORM-en, auch beim Plural (**ihr** und **sie** männlich vs. **ihr** und **sie** weiblich). Daher reicht das Verbum ohne „ich", „du" etc. vollkommen. Trotzdem bieten so manche Arabisch-Lehrbücher regelmäßig Sätze an, bei denen das Personalpronomen im arabischen Text enthalten ist, weil das für indo-europäische Lerner **vertrauter** wirkt (die Metropole in den Regenwald schleifen), auf daß sie sich das später mühsam wieder abgewöhnen müssen. Welch eine Verschwendung!

- **Im Arabischen gibt es kein unabhängiges Wort für „eine" oder „einer"** (es gibt übrigens nur männlich und weiblich, kein sächlich). Deshalb wird gern behauptet, **es gäbe überhaupt keinen unbestimmten Artikel**. Das ist aber **nicht ganz richtig**, denn wenn wir mit HOCHARABISCH beginnen, wozu ich Ihnen dringend raten möchte (s. Seite 57f.), dann **finden wir den unbestimmten Artikel am Ende des betroffenen Wortes**, indem an die grammatikalischen Endungen **-u**, **-i** oder **-a** jeweils ein „**-n**" angehängt wird. Das sind **Endungen**, **die im Dialekt weggelassen** werden, womit auch die Behauptung stimmt, es gäbe keinen Artikel. Allerdings bezieht sich diese ausschließlich auf Dialekt-Sprachen, nicht auf Hocharabisch. Das ist so ähnlich, als würde man die deutsche Dialekt-Wendung „dem Vater sein Hut" dazu benutzen, zu „beweisen", daß das Deutsche keinen Genitiv kenne. Natürlich gibt es den Genitiv (des Vaters Hut), auch wenn der Dialekt ihn **nicht** kennt. Ähnlich könnte man „beweisen", daß im Englischen die doppelte Verneinung normal sei (weil man im Mittelwesten der USA sagt: „I don't know nothing"). Man könnte auch behaupten,

Kein „ein..."

---

28 Interessanterweise gibt es einen afroamerikanischen Slang, in dem es umgekehrt gemacht wird: Man sagt bei allen Personen „eat" und hängt nur bei der **ersten** (ich) das „s" an: „**I eats.**" Aber „**Y**ou, **he**, **she**, **we**, **you** and **they eat.**"

die Redewendung „It don't matter" sei korrekt, weil man sie im Mittelwesten der USA benutzt. Aber in der Hochsprache stimmt beides eben nicht! SprecherInnen, die jeweils **beide** Varianten ihrer Landessprache beherrschen, können ihre Sprache je nach Bedarf **anpassen** — während SprecherInnen (wie z.B. Kinder aus bildungs**fernen** Familien) oft völlig **hilflos** sind, wenn sie **ausschließlich** „dem Vater sein Hut" (oder „It don't matter") kennen. Aus demselben Grund finde ich es falsch, wenn man bem Sprachenlernen mit regionalen Varianten **beginnt**.

Um den Gedanken, ob es im Arabischen ein „ein" gibt, zu beenden: Im Hocharabischen lautet **ein** Junge WaLaD^{un} (genaugenommen also Junge-^{ein}), **eines** Jungen WaLaD$_{in}$ (genaugenommen also Junge-$_{eines}$) und einem beziehungsweise einen Jungen WaLaD^{an}, (genaugenommen also Junge-$^{einem/einen}$). Wenn wir **de-kodieren**, merken wir diese Dinge. Ich schreibe die Nachsilben übrigens prinzipiell dorthin, wo sie auftauchen, nämlich (oben) -^{un} und -^{an} oder (unten) -$_{in}$. Somit gewöhnen Sie sich bereits in der Lautschrift daran, die **relevante Information** an der richtigen Stelle (OBEN beziehungsweise UNTEN) zu **suchen**.

TEIL II:
Für alle, die ein wenig tiefer einsteigen wollen

MODUL 1: Das arabische Schriftsystem

Wenn wir eine Sprache **schriftlich** festhalten wollen, gibt es grundsätzlich drei Möglichkeiten. Kennen Sie diese?

1) _____

2 VARIA-
TIONEN
2a/b

2a) _____

2b) _____

Na, haben Sie erst nachgedacht, ehe Sie weiterlesen wollten?

BILD

1) Die früheste Form bestand darin, Zeichnungen zu einem System des Schreibens zu entwickeln. Hierzu zählen die Hieroglyphen der alten Ägypter und der Mayas (in Südamerika).

KLANG-
"BILD"er

2a) Schriftzeichen der alten und neuen Chinesen vermischen die erste mit der zweiten Kategorie. Hier begannen die Menschen nämlich, **Klangstrukturen** abzubilden, indem sie **Bilder** zeichneten, die jedoch für den **Klang** (des Anfangsbuchstabens, manchmal auch einer Silbe) stehen. Dies finden wir bei den **Hieroglyphen-Schriften** für Eigennamen. Sie werden meist besonders hervorgehoben, bei den Hieroglyphen beispielsweise in sogenannten **Cartouchen** (eine Art Rahmen mit abgerundeten „Ecken"). Im Chinesischen ist es schwieriger, weil man einem Zeichen nicht ansieht, ob es (oder ein Teil davon) eine Bedeutung transportiert oder ob es (nur) als **Klang-Hilfe** fungiert — und **welcher Teil des Zeichens** reine Bild-Info und welcher/s Klang repräsentiert.

KLANG-
Schrift-
zeichen

2b) KLANG-SCHRIFTEN: Die nächste große Entwicklungsstufe besteht darin, Schriftzeichen **ausschließlich** dafür zu benutzen, Klänge darzustellen. Es haben sich drei Varianten entwickelt:

- **Variante SILBENSCHRIFT**: Jedes Schriftzeichen steht für eine Silbe (Japanisch).
- **Variante BUCHSTABENSCHRIFT** (Lateinisch, Kyrillisch, Griechisch...)

- **Variante SONSTIGE** (ich kenne bisher **zwei**):
  SANSKRIT/HINDI: Hier streiten die Fachleute; einige behaupten, es sei eine Buchstaben-Schrift, andere, es sei eine Silbenschrift. Ich stimme inzwischen der zweiten Gruppe zu, aber die meisten Lehrbücher stellen uns das „Hindi-Alphabet" vor und sprechen dann von der Devangari-Schrift, womit sie sich nicht wirklich festlegen...

  KOREANISCH: Meines Wissens die einzige Schrift auf der ganzen Welt, die **zunächst** Buchstaben darstellt, die jedoch in Form von Silben „komponiert" werden müssen. Dadurch entsteht **durch den Schreibakt** in gewisser Weise letztlich doch eine **Silbenschrift**.

Arabisch: ein Buchstaben-System

Am leichtesten zu lernen sind für Menschen, deren Muttersprache eine Buchstabenschrift nutzt, ähnliche Schriften, also **weitere Buchstabenschriften**. Somit ist die arabische Schrift leichter zu erlernen als z.B. Japanisch (2 mal 96 Silben plus Tausende von chinesischen Kanji-Zeichen). **Was vielen aber zunächst „gegen den Strich geht"**, ist die Tatsache, daß die arabische Schrift „anders herum" läuft (von RECHTS nach LINKS).

Was anfänglich ebenfalls verwirren kann, ist die Tatsache, daß manche Buchstaben drei verschiedene Formen haben, je nachdem, ob sie am **Wort-ANFANG**, in der **MITTE** oder am **ENDE** eines Wortes auftauchen. Hier sollten wir eher an STENOGRAPHIE denken als an unsere normale Schrift; auch dort ändern sich manche Buchstaben – je nach ihrer Stellung.

Wenn man einen **ersten Durchblick** bekommt, wird es jedoch wesentlich leichter, als manche Textbücher und Kurse es darstellen, denn die **MITTLERE Form** besteht in fast allen Fällen aus einem kleinen „Häkchen", das als **TRÄGER für PUNKTE** dient. Da viele **Buchsta-**

ben sich nur durch **Punkte unterscheiden**, könnte man sich Anfangs Eselsbrücken basteln (siehe Merkblatt Nr. 3, Seite 120ff.).

Dort finden Sie auch eine erste Anleitung, falls Sie tatsächlich arabisch SCHREIBEN lernen wollen. Dabei handelt es sich um ein Dokument, das ich **1984** erstellte, **als ich mir selbst das Schreiben der betreffenden Buchstaben beibrachte**. Ich lernte damals **DTP** (Desk-TopPublishing) und wollte ein **Probe-Dokument** anlegen, ehe ich ernsthaft mit der neuen Computer-Technik zu arbeiten begann. Dieses Dokument enthält vor allem jene Buchstaben, deren **Äquivalent es im Deutschen oder Englischen auch gibt**, denn zum **ersten Einstieg** gehört es bei meiner Methode, Pseudowörter **unserer** Sprachen in **fremden Schriften zu schreiben**, bis wir mit **diesen** Buchstaben vertraut sind. Erst danach kümmern wir uns um jene Buchstaben, die es nur in der fremden Sprache gibt. Deshalb lerne ich zuerst **immer jene Buchstaben/Zeichen**, die unseren eigenen (einigermaßen) entsprechen. Dabei passiert zweierlei:

Erstens lernen wir indirekt auch jene Buchstaben, welche unsere Klänge NICHT in die Zielsprache übertragen können. So gibt es im Hocharabischen **kein „G"**, das gilt auch für sämtliche arabische Sprachen beziehungsweise Dialekte (s. Seite 57f.) außer Ägyptisch.

Des weiteren gibt es in allen arabischen Sprachen/Dialekten **kein „P"** (nicht einmal im Ägyptischen), so daß aus dem guten **PLATO dort FLATO wird**. Jedoch gibt es das **P** in anderen Sprachen, die arabische Schriftzeichen ergänzt haben, z.B. Urdu oder im Persischen, so daß sehr gebildete Araber ein **P** als „Fremdbuchstaben" übernehmen können, ähnlich wie manche bei uns mit dem französischen „ç" umzugehen wissen.

Übrigens heißen die PALÄSTINENER in ihrer Heimat FILISTEEN.

Zweitens lernen wir dabei alle Buchstaben/Zeichen, die unsere Klänge (zumindest einigermaßen) wiedergeben, so gut, daß wir später, wenn wir erste Wörter in der Zielsprache zu schreiben beginnen, nur noch jene Buchstaben/Zeichen lernen müssen, die es ausschließlich in der Zielsprache gibt. Übrigens benutze ich einen Trick: Alle Buchstaben, die der jeweiligen Zielsprache fehlen, schreibe ich klein in den fremden Text hinein, so merke ich mir sehr schnell, welche unserer Buchstaben/Zeichen es „drüben" nicht gibt! Beispiel:

DIESER SATZ SOLL ZEIGEN, WIE DAS AUSSIEHT.

DIESER: ديسر

DIESER: Unser **langes „i"** wird in anderen Sprachen anders ausgedrückt. Da wir den KLANG übertragen wollen, muß das **D   ehnungs-„e"** entfallen!

SATZ: ستس

SATZ: Das deutsche „**z**" entspricht vom Klang her einem „ts". Kann die andere Sprache das Äquivalent eines „ts" darstellen? Die arabische kann es, die japanische dagegen nicht.

SOLL: شل

SOLL: Im **Hocharabischen** gibt es nur „a", „i" und „u", also **kein „e" und kein „o"**[29]. Nur die Dialekte bieten „e" und „o" beziehungsweise **Lehnwörter** aus anderen Sprachen. So wird **HIS-BOLLAH** offiziell mit **Allahs Partei** übersetzt, und die **HISBOLLAH** entstammt einem islamischen Land, aber das ist der **Iran**, und im Persischen (Farsi) gibt es sehr wohl ein „**o**". Daher sprechen wir im Westen routinemäßig von der HisBOllah, ohne uns darüber klar zu sein, daß die Aussprache persisch gefärbt ist, schließlich handelt es sich ja um die Partei Allahs (nicht Ollahs)!

ZEIGEN: تساين

ZEIGEN[30]: Das „**ei**" können wir in vielen Sprachen (auch arabisch) durch „ai" oder „ay" repräsentieren.

WIE: وي

WIE: Das **Dehnungs-„e"** muß wieder entfallen, s. oben.

---

29 Weil es kein „o" gibt, schreibe ich im Kästchen ein „o" dazu.
30 „G" gibt es nur im ägyptischen Dialekt, daher im Kästchen.

DAS / DASS

(w)

دَسّ

DAS/DASS[31]: Achten Sie immer darauf, ob es sich um ein **stimm-haftes** (weiches) „s" handelt (wie in **Rose**), denn das wird interna-tional **meist** als „**z**" geschrieben (vgl. Englisch), während das „s" in „daß" **stimmlos** (scharf) ist und in Lautschriften als Doppel-s oder auch gern als „ß" geschrieben wird, um uns daran zu erinnern. Wenn die Zielsprache unterschiedliche Buchstaben für die beiden „s" hat, muß das berücksichtigt werden. **Im Arabischen ist das „s" prin-zipiell stimmlos,** für das stimmhafte gibt es einen extra Buchsta-ben. Er wird im ABC als „**z**" dargestellt (hat also denselben Klangwert wie im Englischen). Da unser „hartes" deutsches „z" [ts] eine Aus-nahme darstellt, werden so gut wie alle „**z**" in diversen Sprachen, denen Sie begegnen werden, wie das „s" in Rose" gesprochen. Auch im Arabischen.

AUS-SIEHT

أَوْسِيت

AUSSIEHT

تْسَايْن   سَلْ   سَتْس   دِيسَرْ

ZEIGEN   SOLL   SATZ   DIESER

رُوي   دَسْ   أَوْسِيت

AUSSIEHT   DAS   WIE

---

31 Das kleine w entspricht der VERDOPPELUNG des Konsonanten darunter.

VOKALISIERUNG JA oder NEIN?

Wie aus dem BONUS-MATERIAL (Roman-Fragment 1 und 2, ab Seite 103) hervorgeht, werden die kurzen Vokale in der arabischen Schrift **nicht** geschrieben. Leider bieten die meisten Sprachkurse für derartige Sprachen, neben Arabisch und Farsi (Persisch) u.a. auch Urdu, Osmanisch (Türkisch vor 1928) etc., KEINE VOKALISIERUNG an. Damit meint man kleine „diakritische Zeichen", mit denen man die Aussprache eindeutig festlegen kann (wie es im Qur'an geschieht). Über die Gründe informiert Sie das Bonus-Material aus dem Roman, hier sei nur festgehalten, wie es **aussieht**:

- Mit einer kleinen schrägen Linie **ÜBER** dem Konsonanten zeigen wir ein „a" (darüber);

- mit einer kleinen schrägen Linie **UNTER** dem Konsonanten zeigen wir ein „i" (darunter), und

- mit einem kleinen „waw" (= w beziehungsweise u) **ÜBER** dem Konsonanten zeigen wir ein „u" (darüber).

Um Ihnen dies zu demonstrieren, biete ich Ihnen nachfolgend einige Wörter beziehungsweise Namen, die Sie relativ leicht erkennen können (wenn Sie beginnen, die Schrift zu lesen), da sie uns nicht ganz fremd sind. Es folgt:

Namen & Personen

³²

محمّد   محمّد

muhammad
(mohammed)

عُمَر   عمر

'Umar³³ (Omar)³⁴

---

32 Es gibt bestimmte Buchstabenkombinationen, die <u>übereinander geschachtelt</u> werden, z.B. M-H

33 'UMAR – der erste Buchstabe ist der STIMMABSATZ, s. Seite 88.

34 OMAR – eigentlich gibt es im Hocharabischen kein „o" (UMAR, MUHAMMED), aber in Dialekten schon (OMAR, MOHAMMED).

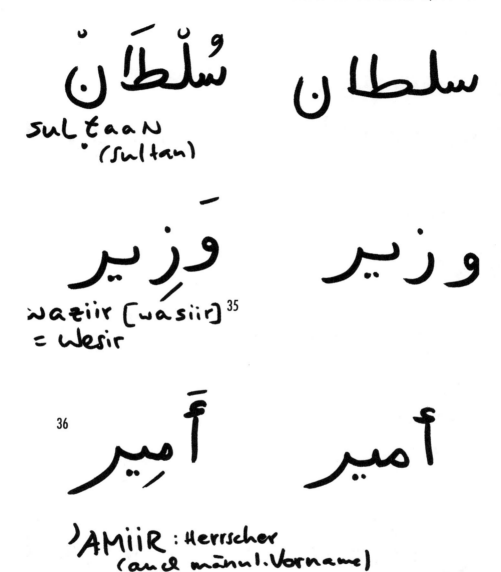

سُلْطَان سلطان

suLtaaN
(Sultan)

وَزِير وزير

waziir [wasiir] 35
= Wesir

36

أَمِير أمير

)AMIIR : Herrscher
(and männl. Vorname)

---

35 wezir: das „z" ist nicht wie im Deutschen [ts], sondern wie im Englischen [s], vgl. [„Rose"].
36 Erster Buchstabe = ALIF als „HAMZA-Träger"; Hamza [gr. hamsa] ist der Stimmabsatz (s. Seite 88);
hier verbunden mit langem „aa".

ORTE (Städte/Länder)

بَيْرُوت   بيروت

BAYRUUT
(= Beirut)

بَغْدَاد   بغداد

Ba(gh)daad
= Bagdad

الْعِرَاق   العراق

al-Iraa Q (IRAK)

dimasch Q = Damaskus

37

al madina = MEDINA

37

مَكَّة

makka
= MEKKA

---

37 stummes End-„t" – steht für eine grammatikalisch weibliche Form, wird in der Alltagssprache aber nicht mehr ausgesprochen.

Sonstige

صابُون صَابُون

Saabun = SEIFE
(v. französ.: "savon")

سُوق سُوق

SUUQ (= MARKT)

قُرآن قُرآن

QUR'aan
= KORAN

سلام   تسلام   سلام

salaam } = FRIEDEN

سلام عليكم   تسلام عليكم   سلام عليكم

salaam ‛alaykum } Klassischer GRUSS
Friede   auf — euch }

قطن   فطن   قطن

Qutn = "cotton" (Engl)
      = Baumwolle

BANK ! (for Geld)

منارة

manaara
= minareH [38]

---

38 Das „stumme" „H" am Wortende (manaraH) wurde früher gesprochen. H wird auch heute im klassischen Arabisch (z.B. Rezitation des Koran) gesprochen. Das deutsche MinareTT spiegelt dies wider.

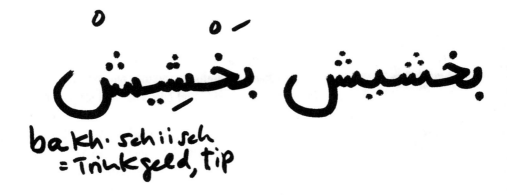

bakh·schiisch
=Trinkgeld, tip

Auch hier könnte man die Buchstaben „stapeln":

بَخْشِيش

Der Stimmabsatz

vgl.
postal
vs.
Postamt
↑

Fremde finden es nicht witzig, daß wir hier keinerlei Hilfestellung geben.

Was am Arabischen eingangs unglaublich verwundern mag, ist die Tatsache, daß man dort einen Buchstaben kennt und schreibt, den wir zwar kennen, aber nicht schreiben. Im Deutschen muß man einfach **wissen**, ob man einen **Stimmabsatz** sprechen muß oder nicht. Woher aber wissen wir, ob wir POSTA-mt oder POST-Amt sagen sollen? Denn bei POSTA-lisch sprechen wir zwischen dem T und dem A **keinen** Stimmabsatz, **beim POST-Amt hingegen schon**. Araber betrachten den Stimmabsatz als (vokallosen) Konsonanten, den man demzufolge schreiben kann. In Lautschriften wird er gern als **Apostroph** wiedergegeben: Post'amt vs. postalisch. Dieser komische Buchstabe kann nicht nur jede Silbe einleiten, er kann auch am Wortanfang stehen: ('abheben, 'Auftrag). Ja sogar am Wortende finden wir ihn (allerdings nur in arabischen Wörtern). Im Arabischen heißt er HAMZA (Aussprache: weiches „z") und sieht so aus:

- **Am Wortanfang** ('al... = der Artikel)[39]
- **In der Wortmitte** (ma'a-hu = mit-ihm)
- **Am Wortende** (ma'a = Wasser)

Hocharabische Wort-Endungen

Meist werden die Endungen klitzeklein geschrieben, was für Menschen, denen diese vertraut sind, in Ordnung sein mag. Aber für LernerInnen ist es eine der vielen Unverschämtheiten, mit denen man verhindert, daß man etwas sehr Wichtiges a) erst einmal richtig WAHRNEHMEN lernt, um sich b) daran zu GEWÖHNEN. Ich empfehle Ihnen daher, eingangs alle Endungen genauso dick und fett wie den Text zu schreiben. Erst wenn Sie sich daran gewöhnt haben, machen Sie sie kleiner, und irgendwann schreiben Sie sie so unauffällig, wie „man" sie schreibt (wenn man es kann!).

---

39 Wird mit dem folgenden Wort zusammengeschrieben, deshalb hier die Pünktchen.

Das folgende BEISPIEL zeigt sowohl die **VOKALISIERUNG (schwarz)** als auch **Endungen (rot)**:

EINGANGS

Nach einigen
MONATEN

Das beweist übrigens auch, daß die Vokalisierung (s. Seite 79) den Lernprozeß keinesfalls hemmt, wie SprachlehrerInnen gern behaupten (weil das „erwachsene" Arabisch ja **un**vokalisiert geschrieben wird).

P.S. zur arabischen Schrift

In meinem Weblog **birkenbihl-denkt.com**, in dem ich in den nächsten Jahren (beginnend mit dem 15. Januar 2008) meine **Denk-TOOLS** (Techniken, Methoden etc.) vorstellen werde, finden Sie unter dem Stichwort SCHRIFTEN-LERNEN meine Methode für:

1. den Erwerb von **Buchstabenschriften** (z.B. Griechisch, Russisch, Arabisch, Türkisch)

2. **Silbenschriften**, wie JAPANISCH (HIRAGANA und KATAKANA) oder einige der vielen Varianten der indischen Schriften mit SANSKRIT-WURZEL (mit denen man HINDI, PUNJABI, MATHARATI u.a. schreiben kann)

Arabisch ist eine Schrift mit klarem ABC, die von rechts nach links läuft, was eingangs ungewöhnlich ist. Allerdings schreibt inzwischen fast die Hälfte der Menschheit so, nicht nur all jene, deren Muttersprache Arabisch (beziehungsweise eine der arabischen Varianten) ist, sondern auch jene, die Arabisch lernen, um den Qur'an lesen zu

können, plus all jene, die FARSI (= Persisch) oder URDU sprechen/schreiben. Urdu ist eine der vielen Hindi-Sprachen, die das arabische Alphabet übernahm, wie auch Persisch, Türkisch (vor 1928 Osmanisch) u.a. Sprachen arabisch geschrieben wurden/werden. Türkisch hat 1928 auf lateinische Schrift umgestellt, aber die Menge der Menschen, die nach wie vor von rechts nach links schreibt, ist enorm. Bitte halten Sie unsere Art nicht für „vorwärts", weil es die Schreibweise von rechts nach links automatisch zu „rückwärts" degradieren würde. Es ist einfach ANDERS HERUM. Alles klar!?

Osmanisch:

türkçe:

Übrigens ist auch unsere Art zu schreiben nicht über Nacht entstanden. Die alten Römer meißelten Ihre Schriften in Steine oft rundherum (zwar viereckig, aber außen beginnend und in einer Art eckigen „Spirale" nach innen schreibend), und sie schrieben auch oft die erste Zeile von links nach rechts, die zweite „rückwärts", die dritte wieder von links nach rechts, die vierte „rückwärts" etc. Man nimmt an, daß bei uns die Entwicklung NACH RECHTS vor allem der Tatsache zuzuschreiben ist, daß wir noch in Stein meißelten, als Asiaten und Araber bereits mit Bambusröhrchen und Pinseln schrieben. Da aber weltweit ca. 88% der Menschen Rechtshänder sind, hämmerten sie mit der **rechten Hand** auf den Meißel, den **die linke hielt**, und **so entwickelte sich die Schreibrichtung nach rechts** (sonst hätte man dauernd die schon geschriebenen Buchstaben mit der eigenen Hand **verdeckt**).

Wie dem auch sei: Um dieses Buch zu verstehen, müssen Sie die Schrift **nicht** lernen, Sie können von der **LAUTSCHRIFT** zur De-Kodierung übergehen, unabhängig von der Schrift. Anfangs ist es besser, **Schrift und Sprache zu trennen**, dafür sprechen folgende drei Gründe:

1. **Man wird anfangs leicht „reisekrank"**, wenn man ständig einen Teil in dieser und einen Teil in der anderen Richtung lesen soll. (Dies betrifft Frauen mehr als Männer, aber auch Männer klagen, daß sie die Orientierung verlieren.)

2. **Man schreibt in den semitisch-hamitischen Schriften nur die langen Vokale** (z.B. Arabisch, Hebräisch, Osmanisch, FARSI, URDU etc.). **Alle kurzen Vokale werden ausgelassen.** Um Ihnen eine Ahnung zu vermitteln, was das für Lernende bedeutet, biete ich Ihnen hinten im Buch zwei Auszüge aus meinem Roman, in dem man der BILDUNG DEN PROZESS MACHT (im Wortsinn), als **BONUS** an. Es sind zwei Gerichts-Szenen, in denen es um diese Art, das Lesen/Schreiben zu vermitteln, geht... Also müssen Sie bei so gut wie allen Kursen diese **„diakritischen Zeichen"** für die **Vokale selbst einsetzen**, wenn sie fehlen. Dummerweise gilt: Wenn Sie sie einsetzen könnten, bräuchten Sie dieses Kursbuch nicht, weil Sie die Schrift bereits beherrschen. (Spätestens nach den beiden Romanfragmenten ab Seite 103 werden Sie dies vollkommen verstehen!)

3. **Es ist leichter, jeweils zwei kleine Schritte hintereinander zu gehen, als einen zu großen auf einmal.** Wer mit Hilfe der **Lautschrift** (die „normal" von links nach rechts läuft) die **De-Kodierung** (wörtliche Übersetzung) **ebenfalls von links nach rechts** lesen kann, kann später im **zweiten** Schritt von der **Laut-schrift** (die nun BEKANNTES MATERIAL UMFASST) zur **tatsächlichen Schrift** übergehen. So macht das Lernen Spaß[40]. Erstens, weil die einzelnen Schritte „gehbar" werden, zweitens, weil wir viele kleine Erfolgserlebnisse erzielen, statt lange Durststrecken – nach dem Motto „Aller Anfang ist schwer" oder „Da muß man halt durch!" – überwinden zu müssen!

---

40 Vgl. „Trotzdem LEHREN" (auch wenn man LERNEN, das heißt sich selbst belehren möchte) und „Stroh im Kopf?" (derzeit 47. Auflage).

MODUL 2: Noch einmal De-Kodieren!

Ein „uralter" Birkenbihl-KOMMENTAR aus dem Jahre **1989** für alle, die das Thema noch einmal **etwas TIEFER** durchdenken wollen. Beginnen wir mit einem kleinen Rätsel: **Aus welcher Sprache könnte folgende De-Kodierung stammen?** (Auflösung in Merkblatt Nr. 2, Seite 119.)

Na, aus welcher Sprache wurde dekodiert?

[] vom Englischen?
[] vom Französichen?
[] vom Italienischen?
[] vom Spanischen?

Es unterhalten sich mehrere Personen:

Ich habe gefunden eine neue Rätsel heute.
Großartig, ich-liebe die Rätsel!
Ich auch.
Sehen-wir...
Gut. Ich brauche von-ein Stück von Papier...
Ich werde davon holen eins. Haben-Sie ein Stift?
Ja dort.
Hier-ist Ihr Papier.

Die bewußte Beschäftigung mit der Wort-für-Wort-Übersetzung eines Textes löst interessante Aha-Momente aus, die tiefe Einsichten sowohl in die Ziel- als auch in die eigene Sprache erlauben. Als ich die Birkenbihl-Methode (Fremdsprachen zu lernen) entwickelte, ging ich zunächst davon aus, daß man die zu lernenden Texte **selbst de-kodieren** würde. Man benutzte **Vokabellisten** zum **Nachschlagen**, nicht zum Pauken! Aber dann mußte ich feststellen, daß viele Menschen **die kleine geistige Anstrengung des De-Kodierens** scheuen. ZUSATZBEMERKUNG 2008: Dies gilt leider auch für SchülerInnen, die geistig oft schon sehr festgefahren sind, weil sie unbewußt davon ausgehen, die Schul-Methoden seien ok, und wenn sie Probleme damit hätten, dann wären sie wohl selbst schuld (unbegabt, dumm). Also gilt sowohl für Erwachsene als auch leider für viele SchülerInnen: Lieber pauken sie hirnlos ewige Wortlisten und investieren **viel Zeit und Energie** in **magere Ergebnisse**, als umzudenken, weil sie **zunächst das Bekannte vorziehen**. Das ist „menschlich", aber nicht effizient. Man sollte also ruhig einmal überlegen, ob es sich lohnt, ein EXPERIMENT zu veranstalten und das De-Kodieren auszuprobieren! (Ende Kommentar 2008)

Für faule Erwachsene lösten wir das Problem durch **Sprachkurse mit Wort-für-Wort-Übersetzung**. Aber wenn man auch nur ahnen möchte, welche faszinierenden EINSICHTEN das De-Kodieren uns bietet, sollte man unbedingt einen **Selbst-Versuch** starten. Lassen Sie mich einige wenige Beispiele geben, damit Sie sehen, was Sie versäumen, wenn Sie weitermachen wie bisher!

SchülerInnen müssen das Lehrbuch kennen und demzufolge lernen, selbst zu de-kodieren (wenn die Eltern es nicht für sie tun).

De-Kodieren kann eine faszinierende geistige Tätigkeit darstellen! Ich selbst erlebe beim De-Kodieren in „sehr fremde" (das heißt in nicht-indo-europäische) Sprachen immer wieder **faszinierende Überraschungen**. Wenn wir z.B. lernen, daß **nachdenken** im Arabischen wörtlich **mit meiner Seele sprechen** heißt (wobei der Begriff **selbst** immer mit dem Wurzelwort für „mit Seele zu tun haben" wiedergegeben wird), dann könnte uns das bewußtmachen, daß **„denken"** nicht nur einen intellektuellen Aspekt beschreibt (unsere normale Assoziation), sondern immer auch einen **seelischen Prozeß** darstellt.

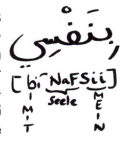

Wenn wir bewußt zur Kenntnis nehmen, daß Deutsche ihre **Entscheidungen treffen**, Franzosen eine **Entscheidung nehmen** (**prendre une decision**), während Angelsachsen eine **Entscheidung machen** (to **make** a decision), dann könnten wir uns fragen: Welche **Vorstellung** verbirgt sich wohl hinter jeder dieser drei Arten von Beschreibungen? Dies könnte z.B. solche oder ähnliche Überlegungen in uns auslösen:

- **FRANZÖSISCH:** Der Franzose durchläuft einen Prozeß des Auswählens, wenn er **eine von mehreren** Entscheidungs-Möglichkeiten **nimmt** (= er wählt also)! Und da er „nur auswählt", fällt es ihm leichter, später noch einmal zu nehmen (wählen), falls sich seine **erste** Entscheidung als nicht optimal herausstellt. Auch wir greifen gern wiederholt zu, wenn wir **wählen**, ohne Angst vor Fehlern...

getroffen?

- **DEUTSCH:** Wenn wir eine Entscheidung **treffen** wollen, dann impliziert dies doch, daß wir **nicht daneben treffen** (= **keinen Fehler machen**) wollen. Also ist unser Trachten darauf ausgerichtet, möglichst **bereits beim ersten** Versuch die „Mitte der Zielscheibe", also die „richtige" Entscheidung, zu **treffen**. Deshalb geben wir Deutsche so leicht auf, wenn wir beim ersten Mal nicht schaffen, was wir uns **vorgenommen** hatten – ganz im Gegensatz zur angelsächsischen „Denke".

make – love
        – war
       – deci-
          sions

- **ENGLISCH:** Ganz pragmatisch hingegen **machen** es die Angelsachsen[41]: Sie **machen** Krieg, sie **machen** Liebe und sie **machen** auch Entscheidungen... Hier spielt das **Ausführen** (die Tätigkeit des Entscheidens als HANDLUNG) die eigentliche Rolle. Somit gelten alle Kriterien des **Handelns** (z.B. es gut machen zu wollen, sich auf das Wesentliche konzentrieren zu wollen usw.), während das Resultat der **Entscheidung** zu einem **Ergebnis** wird... Somit wird es leichter, noch mal neu zu beginnen, **um es BESSER zu machen.**

Wenn es dir beim ersten mal nicht gelingt, versuche, versuche es wieder.

Typische Sprüche eines Landes sagen viel über die „Denke" aus, so hört man in den USA häufig: **If at first you don't succeed, try, try again!** Dies gilt für Taten, Handlungen etc., also auch für das Machen von **Entscheidungen**, und deshalb fällt es leicht, neu zu beginnen. So kann man aus Fehlern lernen – nicht aber, **wenn man jeden Fehler krampfhaft zu vermeiden versucht**, weil er sofort geahndet und bestraft wird.

Das spiegeln auch unsere beiden **Schulsysteme** wider: In den **USA** (und anderen **angelsächsisch** geprägten Ländern wie Großbritannien, Australien, Kanada etc.) erfährt man, **wieviel Prozent heute richtig waren**, so daß man eine **faire Note** erhält UND aus seinen Fehlern lernen kann. Bei uns bekommt man oft eine **NOTE**, die mit

---

41 Engländer mit höherer Bildung sagen auch oft, sie nähmen eine Entscheidung („take a decision"), da sich in diesen Kreisen einige französische Aspekte in die Sprache eingeschlichen haben, wie das im Deutschen vor dem 2. Weltkrieg auch üblich war. Aber der „einfache" Engländer benutzt dieselbe Redewendung wie seine **amerikanischen** Vettern/Cousinen („to make a decision")...

der tatsächlichen Leistung extrem wenig zu tun hat, denn es kann jemand mit derselben Zahl Fehler mal eine 3, mal eine 5 erhalten, und niemand schreit auf und sorgt dafür, daß das endlich aufhört! Denn leider bestehen viele Lehrkräfte beziehungsweise Schulen **noch immer** darauf, die Noten einer Klasse nach der **Gaußschen Kurve** (Glockenkurve) zu berechnen, das heißt, es muß immer mindestens einen Einser und einen Sechser geben, der Rest wird errechnet. **Das hat mit der tatsächlichen Leistung einzelner Schüler (absolut) nichts zu tun, denn die Note basiert auf einer** prozentualen Berechnung **aller Ergebnisse.**

Gaußsche oder Glockenkurve

Hat eine Klasse sich (vielleicht mit Hilfe einer tollen Aushilfslehrkraft) ausgezeichnet auf eine bestimmte Prüfung vorbereitet und hat in der Prüfung jede/r einzelne/r SchülerIn **weit über seinem bisherigen Niveau GELEISTET**, kann es trotzdem passieren, daß seine oder ihre Note hinterher völlig „normal" ausfällt, wenn die Noten der gesamten Klasse auf NORM gerechnet wurden.[42] Dies ist eines der unglaublichen **Folterinstrumente eines Schulsystems, das nicht etwa Leistung belohnen will,** sondern **Fehler** sucht und betraft...

Unabhängig davon, ob Sie meinen Überlegungen zustimmen, sind wir uns doch sicherlich einig, daß solche oder ähnliche (oder Ihre ganz eigenen) Gedanken beim De-Kodieren mit Sicherheit **zweierlei** bewirken können:

1. Sie gewinnen neue Einsichten in Ihre Muttersprache. Mich haben die Überlegungen zu der Art, wie wir Entscheidungen TREFFEN, zu einer maßgeblichen Überprüfung meiner eigenen Entscheidungsprozesse und zu einigen sehr spannenden Entscheidungs-Modulen in meinen Management-Seminaren geführt. Das allein kann

---

42 Der Grund: Gute/schlechte Lehrkräfte wären klar an den Leistungen ihrer Schüler zu erkennen, wenn die Noten die tatsächliche Leistung widerspiegeln würden, statt einer prozentualen Berechnung zu folgen, damit die Noten aller Klassen sich gleichen... Das ist ironischerweise **bestes Mittelmaß** (wenn es nicht so traurig wäre, könnte man eine Kabarett-Nummer daraus machen) und **einer** der zahlreichen Gründe, warum viele Schüler null Bock auf Schule haben...

ein großer Gewinn sein, selbst wenn Sie gar keine fremde Sprache erlernen wollen. Wollen Sie dies hingegen auch, dann gilt:

(2)

2. Sie nehmen die Strukturen der Zielsprache weit bewußt(er) zur Kenntnis, was **Zielklarheit** und dadurch **schnelleres und leichteres Lernen** ermöglicht. Außerdem sorgt dieser Prozeß dafür, daß Sie um so eher „in die Sprache hineinfallen". Danach erst finden die wirklich wichtigen Prozesse statt: Wir beginnen, **in der Zielsprache zu denken** und später sogar zu **fühlen**. Ganz anders ist es bei den herkömmlichen Methoden, mit denen dieses Ziel oft auch nach sieben Schuljahren (z.B. Englisch) nicht im entferntesten erreicht wird.

So hat mich einst die Tatsache sehr nachdenklich gemacht, daß es in semitisch-hamitischen Sprachen kein Wort für **haben** (im Sinne von **besitzen**) gibt, während wir im Deutschen sagen: Ich **habe** ein **Auto....** (dieses Beispiel hatten wir schon, s. Seite 30ff.) Interessant ist, daß ich ähnliche Gedanken bereits vor knapp 20 Jahren entwickelt hatte.

Was
„haben"
Sie,
wenn
Sie ein
Problem
zu „haben"
glau-
ben?!

Die letzte FORM-ulierung **im Sprachspiel Nummer 2** („Ich habe ein Problem") zeigt sehr klar, inwieweit die FORM unserer **FORM**-ulierungen auch die **FORM unserer Gedanken ist.** Wenn ich glaube, **meine** Probleme könnten **unabhängig von mir** existieren, dann kann ich tatsächlich **glauben**, mehr oder schwerwiegendere Probleme zu „haben" als andere Menschen. Ich kann auch **glauben**, jene Probleme könnten mich „erdrücken" u.ä. Müßte ich hingegen feststellen, daß bestimmte Situationen AUF MICH eher problematisch WIRKEN, dann könnte ich mich fragen: Was bewirkt, daß **ich sie als problematisch** empfinde (gefühlte Problematik)? Welcher Aspekt ist besonders problematisch **für mich?** Warum? Was kann ich dagegen unternehmen? So beginne ich, mir darüber klarzuwerden, daß „Probleme" mehr mit **meiner** Wahrnehmung, Deutung, Bewertung etc. zu tun haben als mit „der Welt da draußen". Jetzt haben wir eine faire Chance, etwas, **das wir als problematisch** eingestuft haben, zu lösen (oder sogar aufzulösen). So ein „Etwas" kann uns nicht so leicht „erdrücken" wie ein Problem, das wir zu „haben" scheinen, nicht wahr? (ENDE KOMMENTAR 1989)

MODUL 3: Erste Geh-Versuche

So bereite ich jeden Text in arabischer Schrift für mich selbst vor:

STUFE 1: ohne Schrift (Lautschrift + De-Kodierung)

man	**huwa?**		**man**	**hiyaa?**
er	wer?		sie	wer?
Wer ist das?			Wer ist das?	
(auf einen Mann bezogen)			(auf eine Frau bezogen)	

STUFE 2: mit Schrift (Lautschrift + arab. Schreibweise)

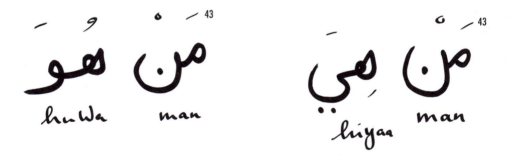

Da ich inzwischen die **Bedeutung der Worte** kenne (Stufe 1), kann ich mich jetzt darauf konzentrieren, den **Klang in Schrift umzusetzen** (Stufe 2).

Übrigens lernt man Lesen am besten durch SCHREIBEN, nicht durch Lesen. Dabei ist es egal, ob Sie mit dem Finger in die Luft schreiben oder auf der Tischplatte herumfuhrwerken (was weit größer

---

43 Die kleinen Striche über- und unterhalb zeigen die kurzen Vokale an (sogenannte VOKALISIERUNG, s. Seite 79).

als normale Schrift wäre) oder ob Sie mit einem Stöckchen im Sand am Strand Ihre fremden Buchstaben „malen" beziehungsweise sie tatsächlich auf Papier schreiben. In asiatischen Ländern benutzt man **Rahmen** (mit Boden, oben offen), die mit feinstem „Vogelsand" gefüllt sind. Diese rechteckige Box fungiert als Schiefertafel, nur daß man das IN DEN SAND Geschriebene nicht mit einem Schwamm, sondern mit einem flachen Brettchen wegwischt.

Die Probe-Lektion wird selbstverständlich auch in der TEXT-Schublade auf www.birkenbihl.de auftauchen – mit Ton wie bei „Von Null Ahnung zu etwas Chinesisch", damit Sie den Text ebenfalls groß und deutlich (A4-Format) sehen und den Ton downloaden können.

Gleichgültig, wie Sie das Schreiben üben (sogar MENTAL[44] ist möglich, wenn Sie darin geübt sind), all diese Schreib-Varianten helfen, die notwendigen **Nervenbahnen** im Hirn anzulegen. Sind diese etabliert, dann beginnt das schnelle Erkennen von **Schriftzeichen**, das heißt das eigentliche **Lesen**. Wenn man Lesen nur via Lesen übt, braucht man mindestens zweimal so viel Übungszeit. Schade, daß viele Eltern, aber leider auch LehrerInnen und NachhilfelehrerInnen das noch nicht wissen…

---

44 Verfolgen Sie im Weblog „birkenbihl-denkt.com" in diesem Zusammenhang die drei Stichworte **SPIEGELNEURONEN, TRAINING** und **MENTAL-TRAINING**, wenn die Beiträge dort auftauchen (vielleicht sind sie, bis Sie diese Zeilen lesen, schon eingepflegt).

MODUL 4: De-kodierte Version eines kurzen arabischen Textes

الأَهَمُّ الشَّخْصُ هُوَ مَنْ

al-AhaMMu?	aSh.ShachSu	huwa	man
der-Wichtigste?	der-Person (Mensch)	er	Wer [ist]

مَا هُوَ جَوَابُكَ عَلَى هَذِهِ الأَسْئِلَةِ

al-AsiLati?	hathihi	aLaa	JaWaaBu-ka	huwa	maa
die-Frage?	diese	auf	Antwort-deiner[45] (männlich)	er	Was [ist]

(وَاحِدٍ) رَقْمُ السُّؤَالُ

(waaHidiin):	RaQMu 1	aS.Sualu
(eins):	Nummer 1 (männlich)	die-Frage

حَيَاتِكَ فِي الأَهَمُّ الشَّخْصُ هُوَ مَنْ

man	huwa	aSh.ShachSu	al-AhaMMu	fii	Hayaati-ka?
Wer [ist]	er	der-Person (Mensch)	der-wichtigste	in	Leben-deine[45]?

---

45 Im Arabischen muß man für „dein", „euer" und „ihre" die Endung auf die Gesprächspartner (beziehungsweise auf die Leute, über die man spricht) abstimmen.

السُّؤَالُ   رَقْمُ   (إِثْنَيْنِ)

aS.Sualu	RaQMu 2	(ithnayni):
die-Frage	Nummer 2	(zwei):

مَنْ   هُوَ   الشَّخْصُ   الأَهَمُّ   فِي   مَدِينَتِكَ

man	huwa	aSh.ShachSu	al-AhaMMu	fii	MaDiinatika?
Wer [ist]	er	der-Person (Mensch)	der-wichtigste	in	Stadt-deine?

السُّؤَالُ   رَقْمُ   (ثَلاثَةٍ)

aS.Sualu	RaQMu 3	(THalathatiin):
die-Frage	Nummer 3	(drei)
	(männlich)	

مَنْ   هُوَ   الشَّخْصُ   الأَهَمُّ   فِي   بَلَدِكَ

man	huwa	aSh.ShachSu	al-AhaMMu	fii	BaLaDi-ka?
Wer [ist]	er	der-Person (Mensch)	der-wichtigste	in	Land-dein?

السُّؤَالُ   رَقْمُ   (أَرْبَعَةٍ)

aS.Sualu	RaQMu 4	(Arbaatiin):
die-Frage	Nummer 4	(vier):

مَنْ	هُوَ	الشَّخْصُ	الأَهَمُّ	فِي	العَالَمِ
man	huwa	aSh.ShachSu	al-AhaMMu	fii	--l-aaaLaMi?
Wer [ist]	er	der-Person [Mensch]	der-wichtigste	in	dem-Welt?

هَذِهِ	هِيَ	إِجَابَتُنَا
Hathihi	hiyaa	iJaaBatuNaa:
Diese [sind]	sie	Antworten-unsere:

إِنَّ	أَهَمَّ	شَخْصٍ	هُوَ	الشَّخْصُ
iNNaa	AhaMMa	ShachSin	huwa	aSh.ShachSu
Wahrlich	(der) wichtigste	Person (Mensch)	[ist] er	der-Person (Mensch)

الذِي	تَرَاهُ	عِنْدَمَا	تَنْظُرُ	فِي	المِرْآةِ
alLathii	taRaa-hu	iNDamaa	taNZuRu	fii	--lmiR.Aati
welchen	du-siehst-ihn	wenn (während)	du-schaust	in	die-Spiegel

وَنَفْسُ	الإِجَابَةِ	تَنْطبِقُ	تَمَامًا	عَلَى
wa-NaFSu	al-iJaaBati	taNTaBiQu	taMaaMaan	aLaa
und-gleiche	die-Antwort	angewandt (gilt)	ganz (vollkommen)	auf

آخَرَ طِفْلٍ أَوْ امْرَأَةٍ أَوْ رَجُلٍ أَيِّ

أَيِّ	رَجُلٍ	أَوْ	امْرَأَةٍ	أَوْ	طِفْلٍ	آخَرَ.
Ayyi	**RaJuLin**	**Au**	**iMRa.Atin**	**Au**	**TiFLin**	**AchaRA.**
jeglichen	Mann	oder	Frau	oder	Kind	anderes.

فَإذَا	كُنْتَ	تُبْدِي	لِلآخَرِينَ	بِأَنَّكَ
Fa ithaa	**KuNta**	**tuBDii**	**liL.AachaRiiNa**	**bi.ANNaka**
und-wenn	du-warst (wärst)	bekundend	für-die-anderen	(für)-daß-du

تَرَاهُمْ	أَشْخَاصًا	مِنْ	ذَوِي	الأهَمِّيَةِ
taRaa-hum	**AShchaaSaan**	**min**	**thaWiia**	**-al-AhaMMiyyati**
du-siehst-sie	[als] Personen (Menschen)	von	denjenigen	der-Wichtigkeit[46] (Genitiv[47])

فَإنَّهُمْ	سَوْفَ	يَصْغُونَ	الَيْكَ
Fa iNNa-hum	**sauFa**	**yaSghuuNa**	**iLay-ka**
dann-wahrlich-sie	werden	zuhören	zu-dir.

وَ	يُسَاعِدُونَكَ	فَكِّرْ	فِي	ذَلِكَ
Wa-yuSaaiDuuNa-ka.		**FaKKiR**	**fii**	**thaLika...**
und-helfen-dir.		Denke	in (an)	dieses...

46 = sie als wichtige Personen ansiehst
47 = 2. Fall

MODUL 5: BONUS-MATERIAL

Ich arbeite zur Zeit an einem Roman, in dem der **BILDUNG DER PROZESS GEMACHT WIRD** (im wörtlichen Sinne). Nachfolgend zwei Auszüge mit je einer Gerichtsszene. In der ersten begegnen wir einem Dozenten, der auch Autor eines „klassischen" Lehrwerks für ARABISCH ist. Er wird völlig von der Tatsache überrascht, daß er plötzlich eine Reihe **der üblichen Maschen** beim Fremdsprachenunterricht **verteidigen** muß. Eigentlich dachte er, er käme als **Experte** – und auf einmal wird er de facto zum **Angeklagten**. Es handelt sich um Maschen von Unterrichtenden und Autoren, die das LERNEN dermaßen erfolgreich be- und verhindern, daß die Lernenden glauben, ES (= das jeweilige Fach) sei wohl zu schwierig für sie, und die Einsicht gewinnen, sie seien zu unbegabt beziehungsweise zu dumm, um dieses Thema zu meistern... Bei der zweiten Szene handelt es sich um einen Lehrer und Autor für Farsi (Persisch) und dessen Kurs... Wir steigen mitten in der ersten Szene ein, als es darum geht, daß im Arabischen und in Sprachen, die diese Schrift verwenden, die (langen) **Vokale nicht geschrieben werden** (a = Anwalt, ga = Gegenanwalt, z = Zeuge = der Arabisch-Professor/Autor, r = Richter)

Roman-Ausschnitt 1

a   **Die langen Vokale** werden also **nicht** geschrieben?

z   Richtig.

a   Können Sie uns Laien erklären, was das genau bedeutet?

z   Wenn Sie die Frage und die Antwort „Wie geht's? – Danke gut" ohne die kurzen Vokale sehen würden, könnten Sie doch erraten, was gemeint ist, richtig?

a   Nun, ich stelle mir das gerade vor... hmm, also, es wäre etwas mühselig, aber ich glaube, es ginge.

z   So ist das bei Arabisch.

a   Und wie lernen Menschen, mit einer **Schrift** umzugehen, die einem einen Teil der Info vorenthält, die man bräuchte?

z   Nun, in der Vergangenheit hatten nur gebildete Menschen Zugang zum Schriftgut und zur Kultur, und im Arabischen wird durch das Fehlen der Vokale seit jeher gewährleistet, daß nur **Leute, die bereit sind, sich auseinanderzusetzen**, Lesen und Schreiben lernen können.

a   Und deshalb meinen Sie, daß Gleiches für Studenten gelten sollte, das heißt, daß man es ihnen nicht allzu leicht machen sollte, die Sprache zu erlernen, nicht wahr?

z   Ich bin nicht sicher, ob ich Sie verstehe...?

a   Lassen Sie mich demonstrieren. Ich zeige Ihnen hier auf dem Monitor einen kurzen Text und bitte Sie, ihn uns vorzulesen. (Das sieht der Zeuge) **d rltv ffznz kmlrtr kmmnktnssbstrt bsrt f dr fnktnln rltn zwschn dr bsltn kpztt ds rzpntn nd dm thsrs ffrrtr nfrmtn.**

z   (starrt eine Weile, schweigt)

a   Gibt es ein Problem, Sir?

z   Ich versuche noch, herauszufinden, was hier steht...

a   Und wo liegt das Problem?

z   Die Buchstaben sind sehr klein.

a   Aha, Moment. (Zum Richter) Darf ich mich dem Zeugen nähern?

r   Bitte.

a   (überreicht dem Zeugen etwas) Hier ist eine Lupe!

z   Aah, ich war nicht sicher, ob dies hier ein „g" oder ein „q" sein soll – die Schrift ist übrigens etwas irreführend.

a   (kehrt zu seinem Platz zurück, beiläufig) Ach, finden Sie?

z   Ja.

a   Das tut mir leid. Lassen Sie sich ruhig Zeit, auch das hohe Gericht versucht inzwischen, den Text zu lesen. (Zur Jury) Sie hatten den Text ja auf Papier erhalten; haben Sie die Lupen gefunden? (Alle nicken und untersuchen den Text aufmerksam) **d rltv ffznz kmlrtr kmmnktnssbstrt bsrt f dr fnktnln**

rltn zwschn dr bsltn kpztt ds rzpntn nd dm thsrs ffrrtr nfrmtn.

z   (klingt frustriert) Also, ich muß zugeben, ich habe Probleme...

a   Ok, können Sie irgendwelche Wörter identifizieren?

z   (genervt) Nicht viele mit Sicherheit, zum Beispiel nehme ich an, daß das hier „Funktion" heißen könnte, das hier „zwischen"... das könnte „Kapazität" heißen, aber (versucht mühsam zu unterdrücken, wie sauer er ist) das extra „n" am Ende verunsichert mich...

a   Wie finden Sie das **Gefühl**, so **herumraten** zu müssen und nicht einmal die Hälfte der Wörter **eindeutig** identifizieren zu können?

z   Unangenehm (lacht nervös).

a   Darf ich Ihnen helfen? Hier steht: „Die relative Effizienz kumulierter Kommunikationssubstrate basiert auf der funktionalen Relation zwischen der absoluten Kapazität des Rezipienten und dem Thesaurus offerierter Informationen."

z   Aaaach...? Das hätte man sicher auch einfacher ausdrücken können.

ga Euer Ehren, könnte der werte Kollege möglicherweise langsam auf den Punkt kommen, so er denn einen anstrebt?

r   Herr Anwalt?

a   Euer Ehren, zwei Minuten? Es ist wirklich wichtig.

r   Zwei Minuten.

a   Danke, Euer Ehren. (Zum Zeugen) **Sie haben gerade festgestellt, wie unangenehm es ist, wenn man einen Text nicht erfassen kann, richtig?**

z   Ja.

a   **Und warum legen Sie es dann bitte absichtlich darauf an, es Ihren eigenen Studenten besonders schwer zu machen, das arabische Schriftsystem und Vokabular zu meistern?**

z   Wie bitte???

a   Nun, erstens bieten Sie sämtliche Lehrtexte in Ihrem Buch in einer viel **zu kleinen Schrift** an, zweitens ist der Text dann auch noch **OHNE VOKALZEICHEN**...

z   Die Schrift in meinem Buch ist doch nicht sooooooo klein!

a   Nein? Der Text auf diesem Blatt, den Sie als zu klein empfunden haben, entspricht in etwa dem Text in Ihrem **Lehrbuch**; er wurde in einer vergleichbaren Größe angefertigt. Ihre Texte im Lehrbuch erinnern **von der ersten Lektion an** eher an das **Kleingedruckte** in Verträgen, Beipackzetteln, Fußnoten etc. als an **eine Schrift für Menschen, denen diese Schriftzeichen noch vollkommen unbekannt sind.**

z   Konnte ich Ihr Beispiel vorhin **deshalb** nicht gut erkennen?

a   **Natürlich.** Je weniger Orientierung man hat, desto **größer** sollte die Info

sein, insbesondere wenn einige Buchstaben sich für Neulinge sowieso kaum voneinander unterscheiden, wie das „g" und das „q" in unserem Text, will sagen, das MIM und das AINUN im Arabischen, da beide fast gleich aussehen. (Zum Richter) Wir haben ein Beispiel auf den Monitor gelegt...

z   Links ist das MIM, rechts das AINUN.

a   Ja, **das** erkennen Sie sofort, aber nicht weil die Info besonders **informativ** wäre, sondern **weil Sie als Fachmann eine Menge nicht vorhandener Info-Einheiten ERGÄNZEN können, ohne das überhaupt zu merken.** Nur wenn Vorinformationen fehlen, wie **vorhin**, können wir uns **nicht** orientieren und demzufolge auch **nicht** ergänzen, was genaugenommen **fehlt!**

z   Wie bei dem Textbeispiel vorhin?

a   Genau. Bitte sehen Sie sich die nächste Abbildung an. Wir haben eine Streichholzschachtel auf die Buchseite gelegt, damit man einschätzen kann, wie klitzeklein die Schrift in Ihrem Lehrbuch ist. Sie ist sogar **kleiner** als die **Aufschrift** auf der **Streichholzschachtel.** Sehen Sie das? Können Sie das Arabische trotzdem lesen, Sir?

z   (beugt sich vor, kneift die Augen zusammen, starrt auf den Monitor) ... Also, ich muß zugeben, es ist ein wenig anstrengend...

a   Die Schrift ist **vergleichbar mit der 10-Punkt Schrift** des Textes in Ihrer Muttersprache, dem lediglich die Vokale fehlten. **Hier handelt es sich um einen Text aus Ihrem eigenen Lehrbuch,** und zwar aus dem Anhang, da zitieren Sie ein **früharabisches** Gedicht, mit dem Sie wahrscheinlich nicht so vertraut sind.

z   Stimmt. Ich wollte es nur der Vollständigkeit halber abbilden, in der Lektion wird nur **eine** Strophe durchgenommen.

a   Und wir haben Ihnen hier eine der Strophen gezeigt, die im Haupttext Ihrer Lektion NICHT vorkommen. Nun macht es sich sofort bemerkbar, daß kleine Schriften nur dann gut lesbar zu sein SCHEINEN, wenn das eigene **Vorauswissen** hilft, Details, die man nicht wahrnehmen kann, zu **überbrücken**, zu ergänzen. Man hat z.B. den Text des Vaterunsers auf verschiedene Weisen verhunzt, aber Christen konnten es **jedesmal** lesen, Muslime und Andersgläubige hingegen nicht. Der Student, der mit Ihrem Buch seine allerersten Gehversuche in einer ihm völlig **fremden Sprache** mit einer **völlig fremden Schrift** machen soll, kann nicht ergänzen...

ga Der Kollege hält wieder mal eine Rede. Wird er eine Frage stellen?

r   Herr Anwalt?

a   Gern euer Ehren. (Zum Zeugen) Dann frage ich Sie konkret, Sir: Liefern Sie auch Lupen zu Ihrem Lehrbuch?

z   (kleinlaut) Nein.

a   Aber Sie bieten Ihren Studenten eine **viel zu kleine Schrift**, bei der sich einige Konsonanten nicht voneinander unterscheiden lassen, und nun frage ich Sie: **Warum müssen Sie Ihren Studenten diesen kleinen, nicht sehr deutlichen Text auch noch** OHNE VOKALZEICHEN **anbieten?**

z   (schweigt)

a   Man kann die Vokale doch durch diakritische Zeichen schreiben, oder?

z   Ja.

a   Euer Ehren, darf ich vortreten?

r   Bitte, Herr Anwalt.

a   Danke. (Tritt zum Zeugen.) Dies ist Ihr eigenes Buch, wie Sie sehen. Darf ich Sie bitten, aus dem Vorwort zwei Sätze vorzulesen? Beginnen Sie bitte mit dem ersten hier, die blau markierte Stelle...

z   (liest, nicht sehr glücklich) **„Einen besonderen Zug erhält der Lehrgang durch den Verzicht auf die Setzung der arabischen Vokalzeichen...“**

a   Danke. Wieso denken Sie, daß es ein BESONDERER ZUG ist, **den Studenten das Lesen zu erschweren?**

z (klingt nachdenklich) Ich meinte damals, daß andere Kurse eher mit Vokalzeichen arbeiten und ich entschied mich dagegen.

a Da haben Sie anscheinend nicht viele Kurse analysiert, denn die meisten arbeiten leider **ebenfalls ohne Vokalzeichen**. Das gilt übrigens auch für Persisch, Urdu und andere Sprachen (welche die arabische Schrift verwenden) — mit denselben Problemen für Lerner. Lesen Sie jetzt bitte den zweiten Satz, den wir rot markiert haben, Sir.

z (zitiert sich selbst noch unglücklicher) **„Damit wird der Lernende gezwungen, GLEICH VON BEGINN an die Hauptschwierigkeiten des arabischen Schriftsystems zu erkennen und diese stetig meistern zu lernen."**

a Können Sie uns **einen einzigen Grund** nennen, der aus heutiger Sicht **für** Ihr Vorgehen sprechen würde?

z Nun, man geht davon aus, daß es den Studenten zu einem späteren Zeitpunkt fast nicht mehr möglich ist, ohne Vokalzeichen auszukommen, wenn man sie ihnen eingangs anbietet.

a Ja, das behaupten Sie einige Zeilen weiter unten. Haben Sie diese Hypothese jemals empirisch getestet?

z Nein.

a Nun, Professor NOBOTNY und sein Team haben es getan. Was denken Sie, ist dabei herausgekommen?

z Die Tatsache, daß Sie mich mit der Studie konfrontieren, läßt darauf schließen, daß meine Annahme sich nicht aufrechterhalten läßt.

a So ist es. Sind Sie sehr erstaunt?

z Tja, vor dem Experiment vorhin hätte ich... Aber Ihre kleine Demo hat mich doch sehr nachdenklich gemacht.

a Woher hatten Sie die Info, daß Studenten, die **mit Vokalzeichen** zu lesen beginnen, später Probleme haben, auf normale arabische Schrift ohne Vokalzeichen umzusteigen?

z Das **ist** oder vielmehr **gilt als** allgemein bekannt.

a Nun, es wurde getestet, und **es ist nicht wahr**. Im Gegenteil. Wenn Studenten beginnen, Texte übungshalber abzuschreiben, dann lassen sie ab einem bestimmten Zeitpunkt mehr und mehr diakritische Zeichen weg. Daran kann man klar ablesen, welche Wörter ihnen inzwischen sehr vertraut sind, weil sie **nur diese** ohne Vokalzeichen lesen können — was anschließendes Vorlesen des selbst Geschriebenen zeigt. Ja, es wurde getestet. Komischerweise hinterfragt kaum ein Autor so ein Vorurteil. Schade. (Zum Gegenanwalt) Ihr Zeuge, Herr Kollege.

r Kreuzverhör?

ga Ja, danke. (Zum Zeugen) Aber Sie bewegen sich mit Ihrem Ansatz doch voll **innerhalb anerkannter didaktischer Maßnahmen**, Sir?

z Natürlich.

ga Was ja auch die Tatsache zeigt, auf die der werte Kollege bereits hinwies, nämlich daß **die meisten Arabischkurse dieselbe Strategie fahren**, richtig?

z Korrekt.

ga Das gleiche scheint für andere Sprachen zu gelten, die ebenfalls die arabische Schrift (zuzüglich einiger Sonderzeichen) verwenden, wie Persisch, Urdu etc. Sogar für die hebräische Schrift gilt das, richtig?

z Soviel ich weiß, ja. Ich habe mich mit diesen Sprachen nie befaßt.

ga Ich nehme an, daß die Mehrzahl Ihrer Studenten in den letzten Jahren vorwärtskam und daß viele ihren Abschluß gemacht haben?

z Selbstverständlich.

ga Also kann Ihr System ja so schlecht nicht sein, oder? Danke, keine weiteren Fragen.

r Erneute Befragung?

a Ja, bitte. Können Sie uns sagen, wie hoch der Prozentsatz der Studenten ist, der **aufgibt, weil er die arabische Sprache für zu schwierig hält**?

z Wir kennen die Gründe nicht, die Studenten zum Aufhören veranlassen.

a Aber **wir** kennen sie. Es gibt Studien darüber. In einem Fall wurden Sprachstudenten beziehungsweise Ex-Studenten an 20 Universitäten in verschiedenen Ländern befragt, die im Folge-semester nicht mehr weiterstudieren wollten. Und wir können Ihnen sagen: Es waren im Schnitt **über 80%, die SICH SELBST die Schuld gaben**. Sie meinten, **die Sprache sei zu schwierig** (im Klartext, sie seien zu doof beziehungsweise untalentiert) und sie hätten **deshalb** aufgehört. Erstaunt Sie das?

z Doch, schon.

a Und wieviel Prozent der Studenten, die **bleiben**, beenden ihr Studium **summa cum laude**?

z Nun, es sind nie viele...

a Genau. Haben Sie schon einmal darüber nachgedacht, warum das so ist?

z (verblüfft) Nun, die Gaußsche Kurve...

a Entschuldigen Sie bitte, diese Kurve zeigt die Verteilung **aller** Studenten, die jemals mit Arabisch begonnen haben, also inklusive jener, die aufgeben, richtig?

z Korrekt.

a Haben Sie sich je gefragt, wie die Gaußsche Kurve für gewisse **Computerspiele** aussehen mag?

z Computerspiele???

a Ja Sir. Nehmen wir ein Computerspiel und betrachten wir die Kurven für all jene, die jemals versucht haben, es zu lernen. Ist Ihnen klar, daß diese Kurve ganz anders aussieht als die der Arabischstudenten?

z Das ist ein unlauterer Vergleich!

a Er **wäre** unlauter, wenn wir **alle** Lernenden inklusive jener, die eine Sprache lernen **MÜSSEN** (wie an europäischen Oberschulen), in die Gleichung einbeziehen. Aber wir vergleichen junge Erwachsene, die selbst entscheiden können, die also FREIWILLIG Arabisch studieren, mit solchen, die FREIWILLIG ein Computerspiel von einiger Komplexität erlernen. Ein Spiel mit über 100 Spielebenen, hunderten möglicher Figuren und hunderten von Möglichkeiten (Waffen, Mächte, Tricks etc.), die sich in über 30 Szenen entfalten. Ein Spiel, für dessen Meisterschaft mindestens ein Jahr anzusetzen ist, wobei wir darauf hinweisen dürfen, daß der **Aufwand** an **freiwilligen Stunden pro Woche** beim Computerspiel im Schnitt höher liegt als die für Arabisch investierte Zeit (inklusive Vorlesungen, Sprachlabor plus Hausaufgaben)...

ga Der Kollege hält wieder einmal eine Rede...

r Ich will das hören. Machen Sie weiter!

a (zum Richter) Danke, Euer Ehren. (Zum Zeugen) Warum ist das Erlernen eines komplexen Computerspiels erfolgreicher als das einer komplexen Sprache, wenn die Lerner in **beiden** Fällen EINGANGS gleichermaßen bereit waren, zu lernen?

z Wahrscheinlich macht das Computerspiel mehr Spaß?

a Wie definieren Sie SPASS in bezug auf eine Lernaufgabe?

z Ich sehe, was Sie meinen... Erfolgserlebnisse vielleicht?

a Was, wenn die Texte in dem Computerspiel ohne Vokale daherkämen, so daß man sie in Zeitlupe erarbeiten müßte – wie Ihre Lektionstexte?

z Das würde die Zahl der Aussteiger wahrscheinlich erhöhen.

a Und wenn die Schrift so klein wäre, daß man sehr genau hinschauen muß, statt so leicht wie möglich zu lesen, damit man sich mit dem INHALT befassen kann, statt ständig mit der FORM zu kämpfen?

z So habe ich das noch nie gesehen.

a Eigentlich schon, wenn ich Ihnen Ihre eigenen Worte an den Kopf werfen darf. Sie haben es vorhin selbst vorgelesen: „Damit wird der Lernende **GEZWUNGEN**, GLEICH ZU BEGINN die **HAUPTSCHWIERIGKEITEN** des arabischen Schriftsystems **zu erkennen und diese stetig meistern** zu lernen."

z (sehr nachdenklich) Ich sehe, was Sie meinen.

a Würde es sich lohnen, noch einmal nachzudenken und einst Bekanntes in Frage zu stellen?[48]

---

48 Das ist übrigens das Motto des Romans, ein berühmtes Wort von Alexander von HUMBOLDT und eines meiner Lieblings-Zitate: „Kühner, als das Unbekannte zu erforschen, kann es sein, das Bekannte zu bezweifeln..."

z   Doch, schon...

a   Ich danke Ihnen, Sir.

r   Sie können den Zeugenstand verlassen.

z   (Verläßt den Zeugenstand sehr nachdenklich, nicht mehr sauer, nicht mehr
frustriert, sondern nachdenklich!)

r   Das war's für heute. Wir vertagen bis
morgen, 9:30. (klopft mit dem Holz-
hammer).

Roman-Ausschnitt 2

FARSI = Persisch

In der zweiten Szene geht es mit einem
Lehrer/Kursleiter und ebenfalls Lehrbuch-
autor für FARSI (Persisch) um dieselbe Frage der fehlenden Vokalisierung, aber in
einer interessanten Variante...

a   Gut. Lassen wir das. Nächste Frage:
Warum lassen Sie die **Vokalzeichen**
weg, die das **Lesen für Anfänger
dramatisch erleichtern** würden?

z   Weil die Lernenden sich mit der persischen Sprache vertraut machen müssen,
wie sie nun mal ist, und dazu gehört
u.a., daß kurze Vokale nicht geschrieben werden.

a   Und Sie halten es für richtig, Anfängern,
die ohne jede Vorkenntnisse beginnen,
das Lesen fast zu verunmöglichen?

z   Aller Anfang ist nun mal schwer.

a   Ja, so sagt man, nicht wahr? Aber muß
der Anfang immer gleich sooooo schwer
sein?

z   Das liegt in der Natur der Sache.

a   Ok, wollen wir einmal an eine andere
Gruppe von Anfängern denken, Sir. Wie
sehen Materialien aus, mit denen Kinder
in Ihrem Heimatland – dem Iran –
lesen lernen? Enthalten diese Texte
Vokalzeichen?

z   Ja, zumindest die Texte für die ersten
1 bis 3 Lesejahre...

a   Und warum sind Kindertexte vokalisiert?

z   Weil Kinder unvokalisierte Texte nicht
meistern können.

a   Und warum können sie das nicht?

z   Weil sie Kinder sind.

a   Und weshalb zwingen Sie Ihre erwachsenen Lerner, denen die Wörter, die sie
lesen lernen sollen, noch nicht einmal
akustisch vertraut sind (im Gegensatz zu den Kindern in Ihrer Heimat),
diesen weit beschwerlicheren Weg zu
gehen? Warum es ihnen **noch schwerer** machen als Kindern in Ihrem Land?

z   Nun, wir unterrichten keine Kinder,
sondern Erwachsene.

a   Ah ja, und die sollen es nicht leicht
haben, oder wie ist das zu verstehen?

z   (schweigt verärgert)

a   Ich warte auf Ihre Antwort, Sir.

ga EINSPRUCH: Der Kollege greift den
Zeugen an!

r   Ich will das hören! Wir warten auf die
Antwort.

z   Ich kann doch Erwachsene nicht wie
Kinder unterrichten!

a Erwachsene, die weit weniger wissen als Kinder, die ihre Sprache zumindest laufend HÖREN und sprechen, ehe sie lesen lernen?

z Soll ich ihnen denn **Kindertexte** vorsetzen?

a Ich stimme Ihnen vollkommen zu, daß man Erwachsenen auf Dauer keine Kindertexte vorsetzen sollte, wobei man bei fremden Schriften ganz am Anfang sogar darüber nachdenken könnte. Aber auf Dauer stimme ich Ihnen zu (wobei genau das bei vielen Analphabeten-Programmen für Erwachsene passiert). Das beleidigt die Intelligenz, die Lebenserfahrung und die Interessenlage dieser Erwachsenen. Aber erwachsene Texte könnten doch **leichter lesbar** gemacht werden, oder?

z Das ist **kindisch**!

a Ashley MONTAGUE, ein großer Denker, wies schon vor vielen Jahren darauf hin, daß wir dazu neigen, zu **erwachsenisch** zu sein. Er meinte, wir verwechselten einfach (kindlich) mit kindisch. Was meinen Sie? Warum muß erwachsenisch besser beziehungsweise warum sollte aller Anfang so übertrieben schwer sein?

z (schweigt)

a Bitte denken Sie nicht, ich möchte Sie angreifen. Aber wir versuchen hier ernsthaft, einige der üblichen Gepflogenheiten beim Sprachenunterricht zu hinterfragen, und bisher mußten verschiedene Zeugen zugeben, daß man über einige der althergebrachten Wege ruhig noch einmal nachdenken sollte.

z Ich bin jedenfalls gegen jede Form von Kuschelpädagogik!

a Ok, lassen wir die Frage der Didaktik einmal beiseite und wechseln kurzzeitig das Thema. Sie müssen meine nächste Frage NICHT beantworten, aber ich würde mich freuen, wenn Sie es täten. Sind Sie Muslim?

z (nickt stolz) Sie dürfen fragen und ich bin es, **alhamdulillah**. Warum?

a Weil Sie als gläubiger Muselmane den Qur'an auf Arabisch lesen müssen, wiewohl Ihre Muttersprache Persisch ist, nicht wahr?

z Richtig.

a Und warum gibt es den Qur'an AUSSCHLIESSLICH in vokalisierter Form? Wenn ich Ihrer Logik folge, dann müßte er demzufolge nur für Kinder geschrieben worden sein?

z Natürlich nicht, obschon bereits die Kinder ihn in den Madras zu lesen beginnen.

a Ok, er wurde natürlich nicht primär für Kinder geschrieben. Sind wir uns darüber einig?

z Natürlich.

a Das zeigt doch, daß man einen Erwachsen-Text vokalisieren kann! Oder?

z   (schweigt)

a   Aber warum ist der gesamte Qur'an durchvokalisiert? Man kann ihn gar nicht ohne Vokalzeichen kaufen. Ist das richtig?

z   Ja.

a   Und warum ist das so, Sir?

z   Damit niemand die heiligen Worte falsch aussprechen kann. Es handelt sich um eine göttliche Überlieferung, die Mohammend – gepriesen sei sein Name – von Allah direkt gesandt worden ist, und sie darf in keinem Detail geändert werden.

a   **Die Vokalisierung stellt also sicher, daß auch Leute, die den heiligen Text noch nicht so gut kennen, ihn korrekt aussprechen, richtig?**

z   Ja.

a   Aber gläubige Muslime kennen ihren Qur'an doch ziemlich gut, nicht wahr? Sie können große Teile auswendig rezitieren, richtig?

z   Richtig.

a   Das gilt auch für gläubige Muselmane in Ihrer Heimat oder in Pakistan, richtig?

z   Richtig.

a   Und es gilt für gläubige Muselmane in Indonesien, Europa, Amerika etc. etc., richtig?

z   Worauf wollen Sie hinaus?

a   Ich kann nicht umhin, mich zu fragen: **Warum gibt es keinen** Qur'an **ohne Vokalisierung für all jene GLÄUBI-GEN, die große Passagen sehr gut kennen und diese deshalb gar nicht falsch aussprechen würden?** Warum gibt es trotzdem keinen Qur'an ohne Vokalisierung?

z   Ich sagte schon, daß es ein heiliger Text ist... (Schweigt plötzlich nachdenklich.)

a   Und warum geht man auf Nummer Sicher? **Ist es nicht so, daß die Vokalisierung dem Leser SICHERHEIT und KONTROLLE gibt**, daß er **weiß**, seine Lesung ist korrekt und welche Wörter er überhaupt liest?

z   (nickt)

a   (zum Schreiber) Für das Protokoll, der Zeuge hat genickt. (Zum Zeugen) Ist es denn nicht so, daß Texte mit Vokalisierung das Lesen erheblich **erleichtern**? Und daß wir **deshalb** KINDERN wie GLÄUBIGEN solche Texte bieten?

z   (nickt wieder)

a   (zum Schreiber) Für das Protokoll, der Zeuge hat wieder genickt. (Zum Zeugen) Ist es denn nicht so, daß Ihr Anfängerbuch PERSISCH vor allem deshalb keine Vokalisierung anbietet, **weil es üblich ist, diese in Lehrbüchern wegzulassen,** und Sie gar nicht wirklich darüber nachgedacht und schon gar nicht durch Experimente überprüft haben, was passieren würde, wenn man den Lernenden ähnlich helfen würde wie den Gläubigen in allen Ländern der Welt, deren Muttersprache nicht Arabisch ist?

z (verteidigt sich) Das klingt ja geradeso, als würden wir es den Lernern bewußt schwer machen WOLLEN?

a Nun, ich behaupte zwar nicht, daß Sie es bewußt tun, aber das Ergebnis ist eindeutig, **es macht den Lernprozeß weit schwerer, als nötig**.

z Ich kann das nicht glauben.

a Hat Sie im Juni vor drei Jahren eine Person kontaktiert, die Sie bat, zu überlegen, ob Sie Ihr Kursmaterial erstens vokalisieren könnten und ob Sie es zweitens mit einer Aussprachehilfe versehen könnten und sogar drittens eine sogenannte De-Kodierung (eine Wort-für-Wort-Übersetzung genau unterhalb jedes Wortes) in Erwägung ziehen würden?

z Ja.

a Und wie haben Sie reagiert?

z Ich habe diese Ansinnen abgewiesen.

a Alle drei?

z Alle drei.

a Und wie lange haben Sie damals **nachgedacht**, ehe Sie die Ideen von sich gewiesen haben?

z Ehrlich gesagt, gar nicht.

a Richtig. Sie sagten der Person am Telefon, daß sie sich zum Teufel scheren sollte mit solchen verrückten Ideen...

z Nun, ich habe es sicher ein wenig taktvoller ausgedrückt.

a Sagte man Ihnen damals auch, daß nach 45 Jahren Forschung und Entwick-lung der Methode und nach 25 Jahren Erfahrung die Vorteile erwiesen wären und daß man Ihnen ein Experiment vorschlüge, durch das **einige** Ihrer Schüler ihr eigenes LEHRBUCH, ihre eigene DIDAKTIK mit diesen **Zusatzinformationen** erhalten sollten, so daß man einen **ehrlichen Vergleich zu den jahrelangen Erfahrungen davor hätte**? Wie taktvoll ist es, nicht einmal zuzuhören, worum es eigentlich geht, sondern zu behaupten, **es bestünde null Bedarf, weil Ihre Schüler alle sehr zufriedenstellend lernen würden**? Mal abgesehen davon, ob es taktvoll war, **wie intelligent ist Ihre Reaktion eigentlich**?

ga **EINSPRUCH**. Welche der beiden Fragen soll der Zeuge denn nun beantworten?

r Stattgegeben. Erlauben Sie Ihrem Zeugen zu antworten.

a Entschuldigung. (Zum Zeugen) Ich stelle eine neue Frage: Haben Sie nicht, genaugenommen, **gelogen**?

z (springt auf) Ich lüge doch nicht!

a Nein? Sagten Sie nicht vorhin auf die Frage, **wie viele Ihrer Teilnehmer den Anfängerkurs beenden, daß nicht einmal die Hälfte am Ende des Kurses noch dabei ist**?

z (setzt sich wieder) Das stimmt wohl.

a Also, Sie behaupteten aber gegenüber jener Person vor drei Jahren, es bestünde null Bedarf, über Ihre didaktische

Vorgehensweise nachzudenken, **weil Ihre Schüler ALLE sehr zufriedenstellend lernen würden**. Was stimmt denn nun?

z (schweigt, aber jetzt nachdenklich)... Ich nehme an, ich habe nicht richtig nachgedacht, und ich war wohl auch nicht bereit, meine Methoden von einer wildfremden Person in Frage stellen zu lassen.

a Zwar ist der Entwickler jener Methode, dessen Assistent Sie anrief, in der Szene sehr bekannt, aber eben nur jenen, die bereit sind, neue Wege zu gehen. Zum anderen ist Ihre Haltung ja durchaus verständlich, wenn man bedenkt, daß die meisten Kurse für Sprachen, welche die arabische Schrift verwenden, dieselbe Strategie fahren wie Sie.

z Es ist allgemein anerkannt, daß das die Methode der Wahl ist.

a Nun, es war einst auch allgemein anerkannt, daß die Erde eine flache Scheibe und später, daß sie das absolute Zentrum des gesamten Universums sei. Ist es deshalb unbedingt wahr?

z Natürlich nicht.

a **Aber noch immer glauben fast alle Sprachenlehrer, daß man die Schüler mit so schwierigen Aufgaben konfrontieren muß, daß die meisten die Lust verlieren. Macht das diesen Glauben wahrscheinlicher?**

z Wohl nicht.

a Danke. Keine weiteren Fragen.

r **Kreuzverhör?**

Hier brechen wir ab, aber: Wenn Sie große Teile des ROMANs **als Podcast** HÖREN wollen, dann können Sie dies gern tun (klicken Sie auf meiner Homepage **www.birkenbihl.de** auf den Pfeil über meiner rechten Schulter – vfb podcasts & audiofiles).

TEIL III:
ANHANG

Merkblatt Nr. 1: WQS (WISSENS-QUIZ-SPIEL)

Was ist ein "WQS"?

Wie der Begriff impliziert, handelt es sich bei dem **WQS** um eine **Weiterentwicklung** zweier bekannter Verfahren:

1. Quiz-Spiele

Frage

Wußten Sie, daß Quiz-Spiele zu den **TV-Sendungen** der allerersten Jahre gehören? (Allerdings kam man früher ohne Metallic-Dekoration und ständiges Pseudo-Musik-Geriesele aus.) Wenn ich meine Seminar-TeilnehmerInnen frage, ob man bei **Quiz-Sendungen** (z.B. vom weltweit bekannten Typ MILLIONEN-QUIZ®) etwas **lernen** würde, sagen die meisten **JA**. Auf die Zusatzfrage, wie viel man dabei lernt, optieren die meisten für „ziemlich viel". Und Sie? glauben Sie, daß man

( ) sehr viel   ( ) eher wenig
( ) ziemlich viel   ( ) kaum etwas

Antwort

lernen kann, wenn man beim Sehen mitträt? Nun, vielleicht erstaunt Sie das, aber da in der Regel **keinerlei Wissen vermittelt** wird (wenn wir lediglich erfahren, die Antwort lautet b oder d), **kann man auch nichts dabei lernen**. Die KandidatInnen (und ZuschauerInnen) spielen genaugenommen mit den **vorhandenen** Inhalten im eigenen Wissens-Netz (im Kopf). Entweder man weiß die Antwort bereits oder nicht. Natürlich ist es legitim, gern mit Wissensinhalten zu spielen – darin liegt ja die jahrzehntelange Faszination solcher Sendungen wie auch von Rätseln (vgl. mein Taschenbuch „Intelligente Rätsel-Spiele"). Aber wir sollten das Spielen mit Bekanntem nicht mit dem Lernen von Neuem verwechseln. Das haben unsere Experimente mit Aufzeichnungen solcher Sendungen klar gezeigt: Bei einer Wiederholung derselben Sendung (per Aufzeichnung) Tage oder Wochen später gaben unsere Testpersonen jedesmal genau dieselben Antworten wie beim ersten Raten. Und die Qualität der Antworten auf Fragen, bei denen unsere TeilnehmerInnen ursprünglich keine oder eine falsche Antwort gaben, war ebenfalls gleich: Sie wussten **wieder** keine (oder eine falsche) Antwort. Zwar kann es sein, daß sie diesmal anders RATEN, aber nur weil sie wieder nicht mehr wissen als beim ersten Mal. Dies hat unsere Testpersonen sehr erstaunt, insbesondere jene, die überzeugt waren, sie hätten bei der Sendung eine Menge gelernt. Tatsächlich hat die Hirnforschung inzwischen offiziell ergeben, was ich seit 1970 behaupte, nämlich daß wir uns isolierte Daten und Fakten überhaupt nicht merken können, weshalb alle Formen des Paukens kontra-produktiv sind (vgl. mein Buch „Trotzdem LEHREN").

2. Fragen

Einerseits hat die Lern- und Gedächtnisforschung klar ergeben, daß Fragen **den Geist öffnen** (vgl. die großartigen Lern-Experimente der HARVARD-Professorin Ellen J. LANGER)[49], **andererseits** klagen LehrerInnen oft, daß sie zwar mit Fragen vorgehen, aber die Schüler trotzdem nicht viel dabei lernen. Das ist kein Wunder, da viele dieser Pseudo-Fragen, die Lehrkräfte stellen, extrem langweilig sind. **Sie zielen entweder darauf ab**, die „einzig richtige" Antwort auszulösen (so daß die SchülerInnen sich doof vorkommen, wenn ihnen das nicht gelingt), oder die SchülerInnen haben das Gefühl, die Fragen sollen aufzeigen, wer was NICHT WEISS, was ebenfalls den Spaß an der Sache raubt.

Dieses Spielchen (Können wir erraten, worauf die Lehrkraft abzielt?) führt nicht gerade zu faszinierenden Erkenntnissen über das (neue) Thema.

Seit Jahrzehnten weisen Schulkritiker in den USA und in Europa darauf hin, daß das wichtigste Denk-Instrument des Menschen in der Schule nicht nur NICHT GEFÖRDERT, sondern genaugenommen durch die meisten Lehrer-Fragen korrumpiert wird. In der vergangenen Ära der Industrialisierung mag das ja noch angegangen sein, denn FabrikarbeiterInnen sollen ja nicht viel denken, aber wenn wir unsere Kinder, SchülerInnen, StudentInnen und MitarbeiterInnen für das Wissens-

Schul-Kritiker

---

49 Da ihre beiden ins Deutsche übersetzten Bücher (s. Literaturverzeichnis) leider regelmäßig vergriffen sind, können Sie einige der wichtigsten Experimente, die sie mit ihren Studenten durchführte, in meinem Buch „Das innere Archiv" kennenlernen.

Zeitalter fit machen wollen, dann müssen wir ihnen mehr bieten. (Vgl. meine Taschenbücher „Fragetechnik – schnell trainiert" und „Intelligente Rätsel-Spiele", beide bieten sowohl eine kleine theoretische Grundlage als auch zahlreiche praktische Trainings-Aufgaben, also bitte als Gruppe lesen.)

3. Das Procedere eines WQS

Wenn Sie das WQS als Party- oder Lern-Spiel einsetzen wollen, können Sie die (einfache) Grundvariante spielen:

Runde 1
- Nur die FRAGEN. Die TeilnehmerInnen denken nach (allein oder mit dem Sitznachbarn, damit man vielleicht zusammen herausfindet, was man nicht weiß, haha), antworten oder raten.

Runde 2
- Der/die SpielleiterIn „antwortet", meist in Form des eigentlichen VORTRAGS. (Merke: Frontal-Unterricht nach einer Fragerunde kann durchaus gehirn-gerechten Unterricht darstellen, ohne WQS ist es oft eine Qual.)

Runde 3
- Wie Runde 1, allerdings versuchen die TeilnehmerInnen (SchülerInnen), ein zweites Mal zu raten – nur daß sie diesmal bereits weit mehr wissen als beim ersten Mal. Merke: Die Qualität dessen, was man in Runde 3 weiß, hängt von der Qualität der Informationen in Runde 2 ab. Es sind also die RednerInnen verantwortlich, ebenso Lehrkräfte, VerkäuferInnen etc., nicht deren Opfer (vgl. mein Buch „Trotzdem LEHREN").

In einigen unserer Projekte arbeiten wir z.B. daran, **wie man interessante Fragen „komponieren" kann** (vgl. mein **E-Book „WQS-Training 2005"**; Sie finden es auf **www.ciando.de**). Dies ist sehr hilfreich, nicht nur für Menschen, die im klassischen Sinne (be-)lehren (z.B. Chefs, Ausbilder, Trainer), sondern auch für alle, die rhetorisch geschickt Interesse wecken und Informationen nachschieben wollen (z.B. Verkäufer von erklärungsintensiven Produkten). Darüber hinaus kann man das Denk-Tool WQS auch hervorragend als Lern-Instrument einsetzen...

Merkblatt Nr. 2:
Auflösung des Rätsels von Seite 92

Die DE-KODIERUNG kam VOM FRANZÖSISCHEN her:

J'ai trouvé une nouvelle devinette aujourd'hui.
Ich habe gefunden eine neue Rätsel heute.

Génial,	**j'adore**	**les**	**devinettes!**
Großartig,	ich-liebe	die	Rätsel!

Moi aussi.
Ich auch.
(Achtung: moi = **betontes** Ich; genaugenommen „mich")

Voyons...
Sehen-wir...

Bon.	**J'ai besoin**	**d'un**	**morceau**	**de papier...**
Gut.	Ich brauche	von-ein	Stück	von Papier...

Je	**vais**	**en**	**chercher**	**un.**	**Avez-vous**	**un**	**crayon?**
Ich	werde	**davon**	suchen	eins.	Haben-Sie	ein	Stift?

Oui, là.
Ja, dort.

Voici	**votre**	**papier.**
Hier-ist	Ihr	Papier.

Haben Sie mitgedacht? Wer die Konstruktion „Ich brauche **von**..."
(„j'ai besoin **de**...") nur ein einziges Mal **bewußt** wahrgenommen
hat, wird später niemals **die BESONDERHEIT von (de)** vergessen.
(Ich brauche <u>von</u>-ein Stück <u>von</u> Papier...) Wenn wir eine solche
Konstruktion bewußt an **dem Satz in der Lektion** „aufhängen", in
dem sie uns **zum ersten Mal** (bewußt) **begegnet ist**, dann haben
wir ein **Muster**, ein **Paradigma, für alle** „avoir besoin de..."-**Konstruktionen der Zukunft** im Kopf und – viel wesentlicher – im
Bauch (das heißt, wir entwickeln das sogenannte Sprachgefühl)!

j'ai besoin de ...
Ⓕ

Merkblatt Nr. 3: Arabische Schrift

So beginnt das Dokument in der **TEXT-Schublade** (auf **www.birkenbihl.de**), das Sie sich herunterladen können...

Schritt 1

Einige wenige Buchstaben werden durch **Eselsbrücken** leicht zu merken sein, z.B.:

1. Das A erinnert uns (als ERSTER BUCHSTABE) an eine 1,

2. das M (rund) an ein MONOKEL und

3. das N an einen (Bauch-)NABEL.

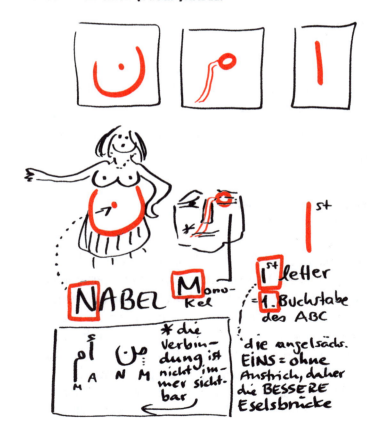

Schritt 2

Diese Buchstaben üben wir nun, indem wir zunächst deutsche Wörter (oder Phantasiebegriffe) schreiben, z.B. Mama [MaaMaa][50]:

Dadurch vermeiden wir **das übliche Problem**, daß unbekannte (arabische) Wörter in der **noch nicht** vertrauten Schrift geschrieben werden sollen! Durch das Schreiben vertrauter Begriffe aber **verbinden sich Schriftbild und ungefährer Klang**, und zwar noch ehe der Transfer auf „echte" arabische Wörter (im dritten Schritt) stattfindet.

Schritt 3

Jetzt erst schreiben wir erste arabische Wörter!

z.B [Maa]  (was/wie) oder [Laa] (nicht).

Dasselbe wiederholen wir mit der nächsten Buchstabengruppe, usw. Auf diese Weise lernen wir immer nur einige wenige Buchstaben, allerdings ohne Frustration! Sie werden sehen — noch leichter geht es nicht!

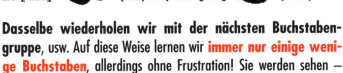

---

50 Begriffe in [eckigen Klammern] deuten übrigens die Aussprache an, also wird das deutsche Wort **Mama**, wenn wir die Silben lang aussprechen, so klingen: [MaaMaa]

Achtung Stimmabsatz!

Zwar besprechen wir hier nicht alle Buchstaben, aber über einen Buchstaben möchte ich kurz etwas sagen, das sogenannte HAMZA [Hamsa] = der STIMMABSATZ. Ich weise seit vielen Jahren darauf hin, daß die Aussage, Deutsch sei „phonetisch" (das heißt, man würde sprechen, wie man schreibt) falsch ist. Es gibt viele Aspekte, die andere Sprachen weit besser darstellen (vgl. „Von Null Ahnung zu etwas Türkisch", Erscheinungstermin Herbst 2008). Der sogenannte Stimmabsatz ist ein gutes Beispiel dafür: Wir haben keine Möglichkeit, schriftlich festzuhalten, ob man einen Vokal mit Stimmabsatz sprechen soll oder nicht. Vergleichen Sie:

Stimmabsatz vs.   **Stimmab-Satz**
[stimm-absatz] vs.   [stimmab-satz]

Beim Stimmabsatz müssen wir nach dem „m" hart ansetzen; das bedeutet eine Zwerchfellbewegung, die man am Bauch spüren kann, wenn man es versucht. Vergleichen Sie dies mit dem weichen „Stimmab"-satz im Beispiel. Woher aber weiß man nun, wann man mit Stimmabsatz sprechen soll? Antwort: Man weiß es nicht. Die Schrift zeigt es nicht! Wie wichtig es aber sein kann, ob man mit oder ohne Stimmabsatz spricht, zeigt uns die arabische Sprache. Sie hat den Stimmabsatz nämlich zu einem eigenständigen Buchstaben erkoren. Dies erscheint uns anfangs sehr eigenartig, weil ungewohnt. Auf der anderen Seite ist ein Araber, der Deutsch lernen soll, unglaublich frustriert, weil wir eben kein Hamza haben! Daraus können wir zwei Dinge lernen:

1. **Deutsch ist nicht halb so „phonetisch"**, wie man uns gern weismachen möchte. Auch nicht nach den diversen Schreib-„Reformen", deren schlimmste Auswüchse man inzwischen endlich wieder zurückgenommen hat! Einziges Ergebnis ist, daß Leute, die zuvor immer sehr sicher in der Rechtschreibung waren, nun andauernd nachschlagen müssen, weshalb ich mich von Anfang an geweigert habe, bei diesem verrückten Spiel mitzumachen!

2. **Wann immer uns etwas an einer anderen Sprache besonders frustriert,** drehen wir den Spieß doch einfach um und denken an Menschen, die diese Sprache als Muttersprache kennen,
und an deren Kummer, wenn sie unsere Sprache lernen müssen.
Das relativiert den Streß erheblich!

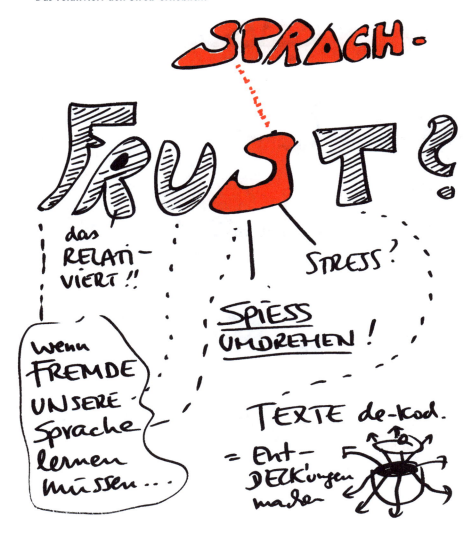

Merkblatt Nr. 4: WORT-WURZELN alphabetisch nach Bedeutung (deutsch)

Bedeutung	Wurzel (arabisch)	Transkription
abziehen, abholen	سحب	S̲H̲ḤB*
anbauen	زرع	Z̲RƷ**
ankommen	وصل	WṢL
arbeiten	عمل	ƷML
aufmachen, öffnen	فتح	FTḤ

---

*   ḥ = ein besonderes „h" (mit Zwerchfellbewegung).

**   Ʒ = ´ayn = Stimmabsatz.

beginnen, anfangen	بدأ	B D Á *
danken	شكر	SCH K R
erklären, erläutern	شرح	SCH R t
essen	أكل	(A) K L **
fallen	سقط	S Q t ***
finden	وجد	W J D

---

*   Das Wurzelwort besteht aus nur 2 Konsonanten (= <u>un</u>regelmäßig) plus einem ALIF.

**   Ergibt (ebenfalls) ein „A" (mit Stimmabsatz).

*** ع = sogenanntes palatisiertes „t" (im Rachen gebildet).

fragen	سَأَل	S (A) L *
gehen	ذهب	ð HB **
hinausgehen, weggehen, ausziehen	خرج	CH R J
hineingehen, eintreten	دخل	D CH L
hoffen	أمل	(A) M L ***
hören	سمع	S M ᵧ

---

*   Auch hier: nur 2 Konsonanten plus ein ALIF (s. Seite 125).

**   ð = weiches „th".

*** Wieder nur zwei Konsonanten plus ein ALIF.

lachen	ضحك	C͟H ḥ K͟
nehmen	أخذ	(A) C͟H ḏ *
reisen, fahren	سفر	S F͟ R͟
reiten, besteigen	ركب	R͟ K͟ B͟
schreiben	كتب	K T B͟
sich freuen	فرح	F R͟ ḥ

---

* 2-Konsonantenwurzel (+ 1 ALIF).

sitzen	جلس	JLS
spielen	لعب	LⵆB
springen	قفز	QFZ*
studieren, pauken, dreschen	درس	DRS
trinken	شرب	SCH R B

---

*   Erinnerung: Aussprache von „z" wie im Englischen (vgl. das „s" in „Rose").

tun	فعل	F ؏ L *
verstehen	فهم	F H M
wissen	علم	؏ L M
wissen, kennen, erfahren	عرف	؏ R F
wünschen	رغب	R ؽ B **

---

* An diesem Wurzelwort werden in arabischen Grammatiken sämtliche Verbformen „aufgehängt".

** Rachen-R wie im Norddeutschen (z.B. in Wagen).

Merkblatt Nr. 5:   WORT-WURZELN alphabetisch nach arabischer Wurzel

nehmen	أخذ	(A) CH ذ *
essen	أكل	(A) K L **
hoffen	أمل	(A) M L ***
beginnen, anfangen	بدأ	B D A ع ****

---

*   Das Wurzelwort besteht aus nur 2 Konsonanten (= unregelmäßig) plus einem ALIF.
**   Ergibt (ebenfalls) ein „A" (mit Stimmabsatz).
***   Wieder nur zwei Konsonanten und ein ALIF.
****   2-Konsonantenwurzel (+ 1 ALIF).

sitzen	جلس	JLS
hinausgehen, weggehen, ausziehen	خرج	CH R J
hineingehen, eintreten	دخل	D CH L
studieren, pauken, dreschen	درس	D R S
gehen	ذهب	ð͘ H B

---

* ð = weiches „th".

wünschen	رغب	R $\underline{R}$ ɣ* B
reiten, besteigen	ركب	R K $\underline{B}$
anbauen	زرع	Z $\underline{R}$ ɣ**
fragen	سأل	$\underline{S}$ (A) L***
abziehen, abholen	سحب	$\underline{S}$ ḥ ß****
reisen, fahren	سفر	S $\underline{F}$ R

---

*   Rachen-R wie im Norddeutschen (z.B. in Wa**g**en).

**   ʂ = ´ayn = Stimmabsatz.

***   auch hier: Nur 2 Konsonanten plus ein ALIF (s. Seite 130).

****   ɦ = ein besonderes „h" (mit Zwerchfellbewegung).

fallen	سقط	S Q ṭ*
hören	سمع	S M ʿ
trinken	شرب	SCH R B
erklären, erläutern	شرح	SCH R t̲
danken	شكر	SCH K R
lachen	ضحك	CH t̲ K

---

* ṭ = sogenanntes palatisiertes „t" (im Rachen gebildet).

wissen, kennen, erfahren	عرف	؟RF
wissen	علم	؟LM
arbeiten	عمل	؟ML
aufmachen, öffnen	فتح	FTh
sich freuen	فرح	FRh
tun	فعل *	F؟L

---

*   An diesem Wurzelwort werden in arabischen Grammatiken sämtliche Verbformen „aufgehängt".

verstehen	فهم	F H M
springen	قفز	Q F Z*
schreiben	كتب	K T B
spielen	لعب	L ʕ B
finden	وجد	W J D
ankommen	وصل	W Ṣ L

---

* Erinnerung: Aussprache von „Z" zwei im Englischen (vgl. das „s" in „Rose").

Literaturverzeichnis

1. **BROCKELMANN, Carl:** *Arabische Grammatik.* Verlag Enzyklopädie, Leipzig, 24. Auflage 1992
2. **KORZIBSKY, Alfred:** *Science and Sanity.* Institute of General Semantics, Fort Worth, 5. Auflage 1995
3. **LANGER, Ellen J.*:** *Fit im Kopf,* Rowohlt, Reinbek 1996
4. **LANGER, Ellen J.:** *Kluges Lernen.* Rowohlt, Reinbek 2002
5. **SCHACTER, Daniel:** *Wir sind Erinnerung.* Rowohlt, Reinbek 2001
6. **SCHNEIDER, Wolf:** *Wörter machen Leute.* Piper, München, 12. Auflage 1996
7. **WHORF, Benjamin Lee:** *Sprache, Denken, Wirklichkeit.* Rowohlt, Reinbek, 25. Auflage 2008
8. **ZIADEH, Farhat J./WINDER, R. Bayly:** *An Introduction to modern Arabic.* Dover Publications Inc., Mineota 2003

---

*   Mehr Informationen zu Ellen J. LANGER finden Sie im Internet unter: www.wjh.harvard.edu/~langer/

Einige meiner Titel zu meinem Kernthema „gehirn-gerechtes Lernen und Lehren"

 Bücher

1. *Das innere Archiv.* mvg, München 4. Auflage 2007
2. *Eltern-Nachhilfe.* („Hosentaschenbüchlein"), Ariston, München, 2. Auflage 2007
3. *LERNEN lassen!* („Hosentaschenbüchlein"), mvg, München 2007
4. *Stroh im Kopf?* mvg, München, 47. Auflage 2007
5. *Trotzdem LEHREN.* mvg, München, 3. Auflage 2007

 + **Buch + (fast) gleichnamige DVD**
(alle DVD.s erhältlich im Online-Shop auf www.birkenbihl.de)

1. *Jungen und Mädchen: wie sie lernen.* Knaur, München, 3. Auflage 2006
2. *Sprachenlernen leicht gemacht.* mvg, München, 31. Auflage 2006

 DVD.s

1. *Genial lernen – Genial lehren* (Doppel-Pack)
2. *Lehren – Trainieren – Ausbilden* (enthält das jährliche UP-DATE zu Lernen/Lehren) für die Jahre 2005, 2006, 2007, 2008 etc.
3. *Persönliches Wissens-Management*
4. *Von Nix kommt nix!*

DVD.s „VON NULL AHNUNG..."
(gehirn-gerechte Einführungen in Gebiete, die angeblich schwer oder „trocken" sind)

1. *Von Null Ahnung zu etwas QANTENPHYSIK*
2. *Von Null Ahnung zu etwas KOMPLEXITÄTS-THEORIE*
3. *Von Null Ahnung zu etwas CHNINESISCH*
4. *Von Null Ahnung zu etwas JAPANISCH*
5. *Von Null Ahnung zu etwas ARABISCH*

Hierzu gehören auch einige DVD-Vorträge, deren Titel aus diversen Gründen nicht mit „Von Null Ahnung..." beginnt, z.B.

6. *Viren des Geistes* (Einführung in die neue Wissenschaft der MEMetik)
7. *Was wir unbedingt über CHINA/ASIEN wissen müssen*
8. *Was Sie über INDIEN wissen sollten*
9. *Was Sie über die ISLAMISCHE WELT wissen sollten*

Stichwortverzeichnis